本书获得国家社会科学基金青年项目"公平迁付意愿与最优保障水平研究"（批准号：22C
U0515373

现代经济金融理论与方法／前／沿／研／究／丛／书

医疗保险改革
对居民福利影响及其借鉴意义
——以美国为例

叶巾祁／著

中国财经出版传媒集团

经济科学出版社
Economic Science Press

图书在版编目（CIP）数据

医疗保险改革对居民福利影响及其借鉴意义：以美国为例/叶巾祁著．－－北京：经济科学出版社，2022.9

（现代经济金融理论与方法前沿研究丛书）

ISBN 978－7－5218－4034－6

Ⅰ.①医…　Ⅱ.①叶…　Ⅲ.①医疗保险－保险改革－影响－居民－社会福利－研究－美国　Ⅳ.①F847.126.13

中国版本图书馆 CIP 数据核字（2022）第 170912 号

责任编辑：孙丽丽　撒晓宇
责任校对：蒋子明
责任印制：范　艳

医疗保险改革对居民福利影响及其借鉴意义
——以美国为例

叶巾祁　著

经济科学出版社出版、发行　新华书店经销
社址：北京市海淀区阜成路甲 28 号　邮编：100142
总编部电话：010－88191217　发行部电话：010－88191522
网址：www.esp.com.cn
电子邮箱：esp@esp.com.cn
天猫网店：经济科学出版社旗舰店
网址：http://jjkxcbs.tmall.com
北京季蜂印刷有限公司印装
710×1000　16 开　8.25 印张　140000 字
2022 年 9 月第 1 版　2022 年 9 月第 1 次印刷
ISBN 978－7－5218－4034－6　定价：40.00 元

前　言

　　健康经济学是一门将经济学理论与模型应用于健康领域的学科，其理论基础主要来源于金融与保险、产业组织理论、劳动经济学以及公共经济学等几个传统经济学分支。健康经济学自 20 世纪 60 年代开始走入经济学者与政策制定者的视野，经过几十年的发展已经成为了最有影响力的应用经济学科之一。健康经济学也可被称为"卫生保健"经济学，而"卫生保健"通常被定义为维持或者改善健康水平的诊断、治疗，以及预防。那么人们是如何消费卫生保健的？又该如何筹措相关的医疗费用呢？对于这些问题，学术界已经给出了较为一致的答案，即人们应该通过构建医疗保险体系来解决医疗费用问题。因此，对医疗保险制度的设计和优化，以及改革效果的定量分析成为了健康经济学中最重要的研究内容之一。

　　由于基础医疗卫生保障体系具有一定的公共品属性，并且道德风险和逆向选择等问题的存在使得私人医疗保险容易发生市场失灵，而医疗保险的供给短缺和其制度欠优化的设计又会给社会带来极大的负外部性，医疗保险体系的构建及其制度改革必然少不了国家政府的参与和公共财政的支持。另外，以雇主为单位组织起来的医疗保险也是很多国家采用的保险提供方式之一，并且为了防止医疗资源的过度使用和浪费，个人也需要承担一部分医疗费用，来保持一定的医疗费用敏感性。评价医疗保险政策是否有效通常会考察其是否扩大了居民的保险覆盖率，提高了居民医疗资源的可及性，并最终影响居民的生理和心理健康。除以上较为直观的影响外，由于医疗保险筹资往往来自政府、单位和个人，其覆盖情况、福利水平以及缴费率都将通过影响人力资本水平、个人及家庭就业决策以及企业用人成本等因素对劳动供求双方产生冲击，最终影响劳动参与、就业率、工作时长及工资水平等劳动力市场表现。上述提到的所有变量均是居民福利水平的重要决定因素。

由于不同国家的历史背景文化以及政治经济制度存在较大的差异，研究医疗保险制度需要充分考虑不同国家背景，而在不同国家背景下得出的不同实证分析结论对于健康经济学理论的延伸也至关重要。在医疗保险体系建立较为完善的国家中，中国自20世纪90年代开始大力发展全民医疗保险体系，截至2019年已经达到了95%的医疗保险覆盖率，建设成为以基本医疗保险为主体，大病医疗为延伸，医疗救助为托底的多层次医疗保障制度体系。基本医疗保险由城镇职工基本医疗保险和城乡居民基本医疗保险（由新型农村合作基本医疗保险和城镇居民基本医疗保险整合）组成。瑞士、德国、丹麦等欧洲国家和加拿大实行的"福利主义"通过较高的税收来构建全民公共医疗保险和免费医疗制度，而美国则实行私人与公共保险并行的混合医疗模式。但相比其他发达国家，美国的医疗保险制度和医疗卫生服务的高价格和低效率，以及高比例的无保险人群一直以来都饱受诟病，而针对这些问题的医疗卫生政策改革也一直都是学界和政界讨论的焦点。

由于美国医疗保险制度改革的特征以及微观个体数据库的可得性，我们可以较为细致准确地讨论一些健康经济学以及医疗保险经济学的经典问题，本书将首先以美国为例，结合不同政策情景，研究医疗保险改革对居民福利影响的几个重要方面：医疗保险覆盖率、劳动力市场表现以及心理健康。美国医疗保险体系主要由三个部分组成：覆盖工作人群、由雇主提供的单位私人保险，覆盖贫困和残疾人口的公共保险，以及覆盖65岁以上老年人群体的公共保险；该国多年以来实施的各类医疗保险扩张政策，包括加大对工作单位集体保险的税收补贴，放宽公共保险参保资格及扩大适用人群范围，以及推进平价医疗法案。本书将对其多个私人与公共医疗保险政策改革在微观层面的直接效果和溢出效应进行定量的因果关系分析。其政策内容包括税收优惠政策、医疗福利强制法案以及公共政策扩张。在使用美国数据和政策背景得到研究结论的基础上，本书还将对中国医疗保险制度和改革历程进行详细梳理，比较两国在政策设计和政策研究上的异同，结合中国国情，探究是否可从美国案例中得出适用于我国的政策建议，并以城镇职工医疗保险改革为例，评估其制度转轨对居民健康水平的影响。

叶巾祁

目　录

第1章
健康储蓄账户对团体医疗保险
覆盖率的影响

1.1 研究意义和背景

进入 21 世纪以来，尽管美国政府不断扩大了公共保险政策的覆盖范围，并对团体医疗保险给予了大量补贴，数量庞大并且还在不断增长的无保险覆盖人群仍然是政策制定者和学者关注的热点社会问题。截至 2012 年，美国依然有 480 万（占比 15.4%）的非老年人仍然没有任何类型的医疗保险覆盖（美国人口普查局，2013）。另一个值得关注的问题是近年来医疗支出的增长速度已经超过收入的增加，人们期望可以通过相关的医疗保险制度改革来设法解决这些问题。为优化个人储蓄结构以应对未来的医疗支出，促使人们对医疗费用更加敏感来避免道德风险，同时扩大医疗保险覆盖率，美国联邦政府于 2003 年在《医疗保险处方药、改善和现代化法案》中提出设立个人健康储蓄账户。建立健康储蓄账户是自 1954 年以来，立法团体医疗保险税收抵扣之后，最为影响医疗保险覆盖率的税收改革之一（Clemans – Cope，2008）。① 该法案规定，购买高扣除额医疗保险计划的个人或家庭可以在这些免税医疗保健账户中储蓄，该账户中的资金可以用于未来的各项医疗支出。这也使得一些政府税收补贴从传统医保中

---

① 由雇主支付的医疗保费部分将不计入所得税计算税基。

的保费部分转移至医疗服务消费中的自付支出部分，因为高扣除额医疗保险计划较传统计划而言保费较低但自付额度较高，并且健康储蓄账户中所有的税收优惠都也可以被用来自付医疗支出。[①]

健康储蓄账户的税收补贴可能会扩大团体保险市场。对雇主而言，他们会更愿意为雇员提供高扣除额医疗保险计划，因为该计划可以更好地减少道德风险从而控制雇员们不必要的医疗消费支出。尤其对于小型企业，因为缺少较大的风险池而无法提供高报销比例的医疗保险计划，此时保险费较低的包含健康储蓄账户的高扣除额医疗保险计划（HSA/HDHPs）就成为了它们较好的选择。[②] 2006 年，33% 参加包含健康储蓄账户的高扣除额医疗保险计划来自之前从未提供任何医疗保险的小型企业（政策研究中心，2005~2012）。对雇员而言，低保费的高扣除额医疗保险计划和其健康储蓄账户中的税收优惠可能会吸引一些有资格但未参加团体保险的雇员，此类人群占了未参保人口的近 1/4（Gruber and Washington，2005）。

本章节将检验健康储蓄账户的税收补贴是否提高了团体医疗保险的覆盖率，填补了对于该问题实证研究的空白。我们将人口普查数据与年度—州级别的政策变量相匹配，在个人层面上识别健康储蓄账户税收补贴对团体保险覆盖率的影响。联邦立法规定健康储蓄账户中存款可以不计入联邦所得税，但各州政府可自行选择是否免除州所得税。因此，利用不同年份各州法律中是否实行州所得税减免来定义政策变量，可以有效识别健康储蓄账户税收优惠与居民团体医疗保险覆盖率之间的因果效应。本章实证中使用了是否实行州所得税优惠的虚拟变量和参数化的州健康储蓄账户的税收价格来构造计量模型。

实证结果表明，健康储蓄账户中州所得税优惠提高了 55~64 岁雇员 2.6 个百分点的团体医疗保险覆盖率。除此之外，健康储蓄账户的补贴也提高了小型企业雇员 2.5 个百分点的医保覆盖率，提高低学历雇员（高中学历及以下）的团体保险覆盖率均增加超过 2 个百分点。当使用参数化估计模型时，健康储蓄账户的税收价格每降低 10 美分时，小型企业的团体医

[①] 医疗保险免赔额和合规医疗支出，包括医疗保险不覆盖的部分，如牙科、眼科的医疗支出。

[②] 健康储蓄账户的高扣除额健康计划的设计是为了将保险池中的风险再分配至家庭和个人。

保覆盖率相应增加 1.8 个百分点，低学历雇员医保覆盖率增加 3 个百分点。主要的估计结果均在统计水平上显著，并且在不同的估计模型设定下都能得出一致的结论。但由于覆盖率在变化同时受来自雇主是否提供保险和雇员是否参加两方面的影响，本章由于数据限制无法分别区分出供给侧和需求侧的影响。

1.2　政策简介和理论模型

1.2.1　美国联邦及州政府健康储蓄账户立法

美国联邦政府于 2003 年设立了健康储蓄账户，这是一种用于居民个体储蓄医疗消费支出的免税的金融账户。其法律规定所有未满 65 岁且参加高扣除额医疗保险计划的人群便有资格设立可免除联邦收入税的健康储蓄账户。根据 2012 年的数据，高扣除额医疗保险指的是至少要有 1250 美元的个人计划免赔额，或者 2500 美元的家庭计划免赔额。加入高扣除额医保个人每年可储蓄 3100 美元或者其高扣除额医保的免赔额（取二者之间的较低金额）至他们的健康储蓄账户，而符合条件的家庭可储蓄 6250 美元或其高扣除额医保的免赔额（取二者之间的较低金额）至他们的健康储蓄账户。若健康储蓄账户持有者为 55 岁及以上，其从 2006 年开始可在储蓄规定上限的基础上追加 700 美元，之后每年可增加 100 美元直到 2010 年其追加储蓄额达到 1000 美元为止（美国议会联合会，2012；美国财政部，2014）。[①]

当健康储蓄账户中的储蓄被用于医疗支出时，可享受三层税收优惠：一是健康储蓄账户中的存款部分无须缴纳个人所得税，这一点类似于个人

---

① 与健康储蓄账户相关的信息可在如下网站查询：http：//www. ncsl. org/research/health/hsas-health-savingd-accounts. aspx，http：//www. treasury. gov/resource-center/faqs/taxes/pages/health-saving-accounts. aspx。

退休账户和401（k）退休计划。① 处于越高纳税等级的个人来说税收优惠力度更大。二是只要健康储蓄账户中的存款取出后被用于医疗消费，它们将依然享受免税优惠，但是从个人退休账户和401（k）计划中取款后需补缴税款。需要说明的是，如果健康储蓄账户中的存款用于非医疗目的的消费将被视为应税收入并需缴纳其中的20%作为税收罚款，除非账户持有者残疾、已故或者已满65岁。② 三是健康储蓄账户中未使用完的存款可一直累积至未来使用，且相应的利息收入也无须缴税。因此，健康储蓄账户与灵活支出账户（FSAs）相比是一种税收优惠力度更大的医疗费用储蓄工具。③

医疗储蓄账户（MSAs）是健康储蓄账户的前身，自20世纪90年代中期以来在超过20个州进行试点。与健康储蓄账户相比，医疗储蓄账户在持有者资质和存款上都有更严格的限制，④ 可以满足医疗储蓄账户设立资格的医疗保险的市场份额（尤其是团体保险）也非常小。自从建立健康储蓄账户，高扣除额医疗保险计划的参与人数开始不断地稳步上升。图1-1中的面板A说明参加健康储蓄账户配套的高扣除额医保计划的人口从2004年的44万人上升至2012年的135万人。其中属于团体医保市场的从2004年的31万人增加到2012年的110万人。并且数据说明2006年后，包含健康储蓄账户的高扣除额医保计划的主要增长来源于团体而非个人市场（健康保险计划、政策研究中心，2005~2012）。⑤ 图1-1的面板B说明了2005~2012年企业提供、雇员参加包含健康储蓄账户的高扣除额医保计划均呈上升趋势。尤其是2010~2012年，在所有提供医疗保险的企业中，提供包含健康储蓄账户的高扣除额医保计划比例升高的速度高于雇员接受率（凯撒家庭基金会和健康研究与教育信托，2005~2012）。

---

① 个人退休账户和401（k）计划都属于养老金固定缴款计划，存款和利息收入都免税，但取款时需缴税。

② 更多与健康储蓄账户罚款的有关信息可参见 http://www.hsacenter.com/faqs.html。

③ 灵活支出账户使雇员能够使用税前工资支付医疗费用，但年末账户中的余额将由雇主没收，且不允许与医疗无关的取款。

④ 医疗储蓄账户仅适用于自我雇佣的个体和小公司的雇员，有着更高的免赔额要求以及更低的存款限额，自2003年起医疗储蓄账户被健康储蓄账户替代。

⑤ HSA/HDHPs覆盖率相关数据可见 http://www.ahip.org/HSA2013。

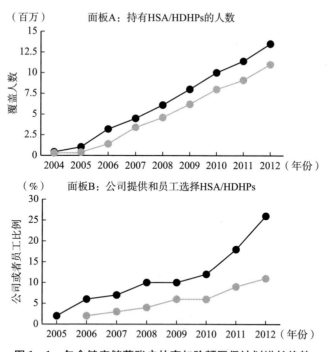

图1-1　包含健康储蓄账户的高扣除额医保计划增长趋势

注：面板 A 中的数据来自团体和个人医保市场，黑线表示总注册人数，灰线表示团体注册人数。面板 B 中企业比例来自人口普查数据，黑线表示公司提供 HSA/HDHPs 的比例，灰线表示员工选择 HSA/HDHPs 的比例。企业提供高扣除额医保计划的比例是按照企业提供健康保险的比例和企业加权计算的（关于加权和统计显著性可参见 http：//kff. org/report-section/ehbs - 2014 - methodology/）。工人覆盖率被定义为其参加团体医疗保险的比例，其中 2005 年工人医保覆盖率数据缺失。

在美国联邦法律的基础上，一些州政府通过实施免除州收入所得税来进一步推广健康储蓄账户。2003～2011 年，有 39 个州颁布了关于健康储蓄账户免除州所得税的法律，其他州则未颁布相关法律（包括 9 个实行零个人所得税的州）。表 1-1 为国家州政府立法联合会（2012）、格鲁姆法律组织（2006）和各州法律章程中的相关数据中收集的各州对于健康储蓄账户的免税立法情况。健康储蓄账户在 2014 年患者保护与平价医疗方案（PPACA）全面实施之后仍然起着重要的作用。PPACA 是由国会通过并由奥巴马总统于 2010 年签字立法的新医疗改革，该项改革详细说明了医疗保险的准入门槛。通过对比发现，满足健康储蓄账户设立条件的高扣除额计划符合了 PPACA 对于医保的最低限制条件。确切地说，包含健康储蓄账户的高扣除额医保计划与患者保护和平价医疗方案中大多数铜和银级别方案相兼容。① 有健康储蓄账户计划设立资格的医保计划近年来已经有了较好的群众基础，而且自从 PPACA 中的"强制性最低医保福利水平覆盖"实施后，该计划的可及性和流行性将会进一步扩大，因为它们可以帮助医保消费者控制成本（McDevit and Savan，2011）。

表 1 - 1　　　　健康储蓄账户州立法年份：2003 ~ 2011 年

州名	健康储蓄账户免税年份	州名	健康储蓄账户免税年份	州名	健康储蓄账户免税年份
阿拉斯加州	无	肯塔基州	2005	纽约州	2004
阿拉巴马州*	无	路易斯安那州	2003	俄亥俄州	2003
阿肯色州	2005	马萨诸塞州	2005	俄克拉何马州	2003
亚利桑那州	2003	马里兰州	2003	俄勒冈州	2003
加利福尼亚州	无	缅因州	2006	宾夕法尼亚州	2006
科罗拉多州	2003	密歇根州	2003	罗得岛州	2004
康涅狄格州	2004	明尼苏达州	2005	南卡罗来纳州	2004
哥伦比亚特区	2003	密苏里州	2003	南达科他州*	无
特拉华州	2004	密西西比州	2005	田纳西州*	无
佛罗里达州*	无	蒙大拿州	2003	得克萨斯州*	无
乔治亚州	2004	北卡罗来纳州	2004	犹他州	2003
夏威夷州	2004	北达科他州	2004	弗吉尼亚州	2003
艾奥瓦州	2004	内布拉斯加州	2004	佛蒙特州	2004
爱达荷州	2004	新罕布什尔州*	无	华盛顿州*	无
伊利诺伊州	2003	新泽西州	无	威斯康星州	2011
印第安纳州	2003	新墨西哥州	2003	西弗吉尼亚州	2003
堪萨斯州	2004	内华达州*	无	怀俄明州*	无

注：*表示实行零个人所得税（州税）。

---

① 《患者保护与平价医疗方案》将市场提供的医保计划分为铂、金、银和铜四个级别。

1.2.2 医疗费用结构和包含健康储蓄账户的高扣除额健康计划的税收价格

与传统医保计划相比，健康储蓄账户对自付医疗支出的税收补贴改变了医疗费用的结构。理查森和塞利格曼（Richardson and Seligman，2007）使用单期结构框架对雇主赞助医保中的传统计划以及包含健康储蓄账户的高扣除额计划进行比较，分析了其医疗费用的变化。① 假设雇主承担一部分保费并免除所得税，传统医保合同中个体的预期医疗支出为：

$$E(Healthcosts) = \alpha P(1 - \tau_I - \tau_S) + (1 - \alpha)P + E(\min(T, D) \\ + c(\max(T - D, 0))) \tag{1.1}$$

式（1.1）中雇主支付的保费为 $\alpha P(1 - \tau_I - \tau_S)$，$P$ 为保费，α 为雇主支付的保费比例，τ_I 和 τ_S 分别是边际收入和工资税率。剩下部分由雇员支付，T 为个体总医疗支出，D 为免赔额，c 代表共保率。在这样一份医保合同中，保费组成固定，预期自付医疗支出取决于 T 和 D 的大小。如果 T 小于 D，则自付支出为 T；不然自付支出就为免赔额和超出免赔额自付部分的总和。如果参加包含健康储蓄账户的高扣除额医保计划，则可以利用健康储蓄账户中的免税储蓄支付自付医疗支出，则预期医疗支出为：

$$\hat{E}(Healthcosts) = \alpha \hat{P}(1 - \tau_I - \tau_S) + (1 - \alpha)\hat{P} + E(\min(T, \hat{D})(1 - \tau_I) \\ + c(\max(T - \hat{D}, 0))) \tag{1.2}$$

$\hat{P}$ 和 $\hat{D}$ 分别代表高扣除额医保计划的保费和免赔额。式（1.1）和式（1.2）的不同之处显示了健康储蓄账户税收补贴对医疗支出结构的影响：税收补贴对保费和自付医疗支出都有影响。② 如果健康储蓄账户中 $\hat{P} < P$ 且 $\hat{D} > D$，则会将税收补贴从保费部分转移至自付支出部分。因此保费、免赔额和税收补贴三者的变化会共同影响人们对健康储蓄账户的反应。

---

① 总体来说，他们发现健康储蓄账户对医疗支出的影响有限，并且对医疗保健市场的影响是未知的。

② 个人对健康储蓄账户存款只能免除收入税但不能免除工资税，然而雇主对健康储蓄账户的储蓄可以同时免除收入税和工资税，我们的模型仅讨论了第一种情况。对于单期的医疗支出，健康储蓄账户中的存款按规定不可以超过免赔额，所以在式（1.2）中，即使属于自付医疗支出，超出免赔额自付部分依需缴纳所得税。

为计算对医疗自付支出税收补贴的大小，我们参考现有文献将健康储蓄账户的"税收价格"定义为账户中的每一美元转化成为普通税后消费的数量（即一美元健康储蓄账户的成本）。美国部分州政府在联邦收入税减免的基础上额外减免州税，而另一些州政府则不允许。因此我们将得到两种健康储蓄账户的税收价格表达式，当我们令 τ_F 为联邦边际所得税率，而 τ_S 为州边际所得税率，部分州的健康储蓄账户既免除了联邦所得税又免除了州所得税，他们的税收价格为：

$$Tax\ price = 1 - \tau_F - \tau_S \qquad (1.3)$$

在其他不免除州所得税的州，其健康储蓄账户的税收价格将相应增加：

$$Tax\ price = 1 - \tau_F \qquad (1.4)$$

1.3 文献综述

一般来说，对医疗保险保费部分给予税收补贴将增加医保覆盖率和福利水平，大多数研究利用外生政策冲击或医疗保险额税后价格来估计税收补贴的影响，并在团体市场和个人市场中都发现了大量实证证据。在团体市场中，加大税收补贴力度增加了医保覆盖率和供给率；反之亦然。并且税收补贴对小型企业的影响更加明显（Royalty，2009；Finkelsteain，2002；Gruber and Lettau，2004；Gruber and Washington，2005）。在个人市场中，海姆和卢里（Heim and Lurie，2009）探究了医保保费避税对个人医保购买行为的影响，并验证了税收价格在扩展边际和集约边际上都具有负的需求弹性。

与高扣除额医保计划结合之后，健康储蓄账户的建立为团体医保计划和个人医保计划都提供了税收补贴，因此对双方市场均有影响。首先来看团体市场，健康储蓄账户将部分税收补贴从保费部分转移至自付支出。一方面，与高保费的传统保险相比，与健康储蓄账户配套的高扣除额医保计划降低了未来大额医疗支出的风险，其较低的医保价格使得人们更容易获得保险覆盖。这样可能会增加团体市场尤其是小型企业雇主医疗保险的供给比例（Cannon，2006；Richardson and Seligman，2007）。另一方面，布伦贝格（Blumberg，2004）、格莱德和雷姆勒（Glied and Remler，2005）认为健康储蓄账户可能对扩大团体保险覆盖没有实质性作用，甚至于在出现保费和高昂管理费用的"死亡漩涡"时，对小型企业保险市场将会产生毁灭性打击。[①] 在个人市场，关于健康储蓄账户税收补贴影响的实证证据十分有限，健康储蓄账户所提供的税收减免对于个人医保市场来说是一项纯福利，很多个人医保计划已经符合设立健康储蓄账户的资格要求，个税减免的加入可以起到刺激个人医保市场的作用（Pauly and Nichols，2002）。

在大多数关于消费者导向型医保计划（Consumer-Driren Health Plans，CDHPs）的选择的文献中，[②] 收入较高的健康老年人可能会倾向于选择CDHPs，因为这对他们而言是非常好的储蓄手段，并且消费者导向性计划的参与者一般有着更高的受教育水平（Zabinski et al.，1999；Burman，1997；Pauly and Herring，2000；Parente et al.，2004；Greene et al.，2006）。然而，卡顿和秀尔特（Cardon and Showalter，2007）利用无限效用最大化模型证明了生病人群同样能从健康储蓄账户中获益。此外，加农（Cannon，2006）则认为健康储蓄账户对低收入群体也有吸引力。因为健康储蓄账户配套的高扣除额医保计划有着较低的保费且其增长率显著低于传统保险，他们更能承担得起此类计划。至于健康储蓄账户的未来发展，特别是在平价医疗法案实施之后，帕伦特和费尔德曼（Parente and Feldman，2007）预测健康储蓄账户仍然会在团体和个人市场中流行。

然而，关于健康储蓄账户补贴对保险覆盖率的影响，以及它是如何影响不同群体参保选择的相关实证分析仍然缺乏。与已有文献相比，本章有两个亮点。一是通过利用健康储蓄账户的州所得税免除作为政策变量，将其与具有全国代表性的个人层面数据相结合，以此探究健康储蓄账户对团体健康保险覆盖率的直接影响。二是研究了特定类型的工人是否更有可能受到健康储蓄账户的影响从而参加团体保险。本章对不同年龄群体、企业规模和受教育水平工人都给出了综合性的实证研究。

---

① "死亡漩涡"由健康工人从传统医保计划转移到高扣除额医保计划的逆向选择造成。

② 健康储蓄账户或者医疗储蓄账户（健康储蓄账户的前身）通常都与高扣除额医保计划配套，它们被统称为"消费者导向型医保计划"（CDHPs）。

1.4 数据和方法

本章使用的数据来自美国 2004～2012 年人口普查的 3 月补充调查数据。样本包括 25～64 岁、有工作且未参加医疗补助计划的个体。剔除 25 岁前的年轻群体是为了消除因为入学而带来的保险状态变化；剔除参加医疗补助计划个体是因为他们不能同时参加健康储蓄账户。[①] 总体而言，有资格参加医疗补助计划的群体的收入水平太低，以至于很难从收入税优惠政策中获益，所以他们基本不会放弃免费医疗补助计划而选择包含健康储蓄账户的高扣除额医保。除了大量的个人特征变量外，我们的关键变量为调查对象上一年是否参加团体健康保险。表 1－2 分别对全样本、有健康储蓄账户补贴和没有健康储蓄账户补贴的州给出了描述性统计。对于有健康储蓄账户和没有健康储蓄账户的州，又分别展示了 55～64 岁工人、在少于 100 人的小型企业工作的工人和高中及以下学历的工人 3 个子样本的变量统计描述。与预期一致，年长的工人有更少的年轻子女、更高的已婚率和更差的健康水平。在全样本和三个子样本中，有健康储蓄账户税收补贴的州团体健康保险覆盖率高于没有健康储蓄账户税收补贴的州。除此以外，有无健康储蓄账户的州在其他变量上并无显著差别。

表 1－2   描述性统计：加权平均值

变量	所有州 (51 个)	有健康储蓄账户的州（39 个）				无健康储蓄账户的州（12 个）			
		总样本	55～64 岁	雇员少于 100 人	高中及以下学历	总样本	55～64 岁	雇员少于 100 人	高中及以下学历
团体覆盖率	0.765 (0.424)	0.790 (0.407)	0.817 (0.386)	0.661 (0.473)	0.699 (0.459)	0.721 (0.449)	0.762 (0.426)	0.563 (0.496)	0.588 (0.492)
年龄	43.195 (10.631)	43.349 (10.630)	58.683 (2.719)	43.584 (10.687)	43.858 (10.505)	42.925 (10.629)	58.700 (2.730)	43.066 (10.638)	42.483 (10.491)

---

① 全体样本中有 4% 参加了医疗补助计划。在将参加医疗补助计划样本加入回归后，结果没有显著变化。如需要含有医疗补助计划样本的结果，请联系作者。

续表

变量	所有州 (51 个)	有健康储蓄账户的州（39 个）				无健康储蓄账户的州（12 个）			
		总样本	55～64 岁	雇员少于100 人	高中及以下学历	总样本	55～64 岁	雇员少于100 人	高中及以下学历
男性	0.533 (0.499)	0.526 (0.500)	0.517 (0.500)	0.567 (0.495)	0.573 (0.495)	0.545 (0.498)	0.527 (0.499)	0.590 (0.492)	0.593 (0.491)
非白种人	0.178 (0.383)	0.170 (0.376)	0.134 (0.341)	0.140 (0.347)	0.185 (0.388)	0.192 (0.394)	0.158 (0.365)	0.159 (0.365)	0.173 (0.378)
已婚	0.644 (0.479)	0.651 (0.477)	0.720 (0.449)	0.660 (0.474)	0.622 (0.485)	0.632 (0.482)	0.696 (0.460)	0.638 (0.481)	0.609 (0.488)
全职	0.878 (0.327)	0.876 (0.330)	0.844 (0.363)	0.831 (0.375)	0.874 (0.332)	0.881 (0.323)	0.853 (0.355)	0.839 (0.368)	0.880 (0.325)
工会成员	0.154 (0.361)	0.158 (0.365)	0.187 (0.390)	0.073 (0.261)	0.154 (0.361)	0.147 (0.354)	0.174 (0.379)	0.058 (0.234)	0.119 (0.323)
小于 5 岁孩子数量	0.171 (0.468)	0.173 (0.472)	0.005 (0.088)	0.169 (0.469)	0.133 (0.418)	0.169 (0.462)	0.008 (0.103)	0.164 (0.454)	0.157 (0.443)
配偶就业	0.488 (0.500)	0.503 (0.500)	0.503 (0.500)	0.511 (0.386)	0.455 (0.498)	0.461 (0.499)	0.468 (0.499)	0.459 (0.498)	0.405 (0.491)
健康状况	2.062 (0.917)	2.048 (0.909)	2.279 (0.947)	2.060 (0.919)	2.248 (0.928)	2.085 (0.931)	2.289 (0.963)	2.103 (0.941)	2.271 (0.950)
样本数	692230	465683	73573	187747	166241	226547	34881	96443	85255

注：使用调查数据给出的官方权重，圆括号中为标准差。样本来源于 2004～2012 年美国人口普查数据，样本限定为 25～64 岁且未参加医疗补助计划的工人。健康水平由 1～5 表示，数值越高健康状况越差。

本章通过估计政策实施前后享有健康储蓄账户补贴的州中工人医保覆盖率的变化，来判断健康储蓄账户税收补贴的影响，且将其与无健康储蓄账户所得税减免的州中工人覆盖率进行比较。为了控制其他影响覆盖率的变量，我们的基准估计方程为：

$$Y_{ijt} = f(\beta_0 + \beta_1 HSA_{jt-1} + \beta_2 X_{ijt} + \gamma_j + \delta_t + \epsilon) \quad (1.5)$$

式（1.5）中，因变量 Y_{ijt} 表示居住在 j 州的工人 i 在第 t 年是否参加了团体健康保险。[①] 如果某个州在第 $t-1$ 年时实施了健康储蓄账户的州所得

---

① 团体健康保险在 $t-1$ 年发售，在 t 年调查中报告参加结果。

税，那么我们则定义该州在第 t 年及以后为健康储蓄补贴州，其虚拟变量 HSA_{jt-1} 取值 1，否则为 0。X_{ijt} 为个人层面的一系列特征变量，包括年龄、性别、教育水平、种族、婚姻状况、5 岁以下子女数、公会会员资格、全职或兼职、自评健康水平、企业规模和职业。除此以外，回归中加入了州级固定效应 γ_j，以控制州之间团体保险的系统差异，还加入了时间固定效应 δ_t 来控制医保覆盖保险的全国性时间趋势。最后，β_1 为健康储蓄账户中州所得税补贴对团体保险覆盖率的影响。

该模型所提供的一致估计结果建立在一个关键假设上，即如果不存在健康储蓄账户州所得税补贴，那么在 2004 ~ 2012 年有或无健康储蓄账户的州其医保覆盖率都会表现出相似的趋势。为了检验该假设的有效性，我们首先比较了在州政府颁布实施健康储蓄账户补贴的相关法规之前，实验州的保险覆盖率是否与对照州的医保覆盖率趋势相似。其次，估计了某州是否在特定的年份实施健康储蓄账户补贴是否受以往覆盖率的时间趋势影响。最后，我们还比较了在有无健康储蓄账户的州中不同类型工人医保覆盖率的差异，从而判断健康储蓄账户补贴对不同类型工人的覆盖率影响是否由政策实施前的时间趋势导致。相关图表、讨论及结果可见 1.6 节。

团体保险覆盖率的指标反映了雇主提供及雇员参加保险的相关信息。由于团体健康保险的供需双方都可能受到健康储蓄账户补贴的影响，因此系数 β_1 衡量的是健康储蓄账户对双方的综合影响。但由于缺乏企业层面的数据，供需影响很难区分开来。在理想条件下，可以检验健康储蓄账户对覆盖率的影响是否来自高免赔额医保计划，但在调查数据中未对工人参加的健康计划种类进行说明，这意味着我们仅能知道健康储蓄账户税收补贴对总团体医保覆盖率的影响。

1.5 回归结果

1.5.1 总样本基准结果

式（1.5）的回归结果可见表 1 - 3，估计结果由非线性概率回归和线性回归共同得出，并通过使用加权使样本更具有全国代表性；并将标准误在州层面上进行聚类，以控制州之间随着时间的自相关。因为概率模型系数无法直接解释，表 1 – 3 的列（1）展示了相应的边际效应及其标准差。估计系数的符号符合预期但数值较小，说明健康储蓄账户的州税收补贴在统计上对总体的团体保险覆盖率没有显著的影响。列（2）中的线性模型的结果与列（1）相似，系数为 0.008 且在 10% 的水平上不显著。模型中其他控制变量的结果与预期相符，已婚、学历更高或者配偶也有工作提高了参加团体保险的概率，非白种人或者在小型企业工作会降低参加保险的概率。

　　全样本的结果并不显著，可能是因为有部分人群未受政策影响。健康储蓄账户的州税补贴可能对某个特定年龄群体有显著影响，有一种可能性是年轻工人因为生理更加健康，而更加倾向于选择保费较低的高扣除额医保计划。另一种可能是年长工人更愿意为了未来医疗支出而储蓄，所以有着税收减免功能，可用于医疗支出的健康储蓄账户会更有吸引力。尤其对 55～64 岁的工人而言，他们可以在健康储蓄账户中追加额外的免税存款。为更好利用这个机会，这个年龄段的工人可能更倾向于参加雇主提供的高扣除额医保计划。

表 1 – 3　健康储蓄账户州税补贴对团体医疗保险覆盖率的影响（加权）

变量	（1）Probit	（2）OLS
健康储蓄账户	0.006 （0.008）	0.008 （0.008）
25～29 岁	- 0.101 *** （0.007）	- 0.121 *** （0.008）
30～34 岁	- 0.063 *** （0.007）	- 0.072 *** （0.008）
35～39 岁	- 0.052 *** （0.009）	- 0.058 *** （0.008）
40～44 岁	- 0.045 *** （0.007）	- 0.049 *** （0.007）

续表

变量	（1）Probit	（2）OLS
45～49 岁	-0.023 *** (0.005)	-0.026 *** (0.004)
50～54 岁	-0.001 (0.006)	-0.010 ** (0.005)
55～59 岁	0.001 (0.006)	-0.006 (0.006)
男性	-0.013 *** (0.003)	-0.017 *** (0.003)
非白种人	-0.035 *** (0.007)	-0.037 *** (0.009)
已婚	0.031 *** (0.005)	0.044 *** (0.006)
高中学历	0.107 *** (0.005)	0.182 *** (0.010)
大学肄业	0.136 *** (0.006)	0.216 *** (0.012)
大学及以上学历	0.165 *** (0.008)	0.239 *** (0.014)
全职	0.127 *** (0.004)	0.159 *** (0.006)
工会成员	0.099 *** (0.007)	0.078 *** (0.008)
企业雇员少于 10 人	-0.185 *** (0.008)	-0.240 *** (0.011)
企业有 10～24 名雇员	-0.118 *** (0.009)	-0.136 *** (0.011)
企业有 25～99 名雇员	-0.060 *** (0.009)	-0.056 *** (0.009)

续表

变量	（1）Probit	（2）OLS
企业有 100~499 名雇员	-0.019** (0.009)	-0.013 (0.008)
企业雇员多于 1000 人	0.005 (0.007)	0.005 (0.005)
小于 5 岁孩子数量	0.011*** (0.003)	0.010*** (0.003)
配偶就业	0.102*** (0.006)	0.096*** (0.008)
样本数	105971	105971

注：圆括号中为标准差，在州层面上进行聚类。边际效应的标准差使用"Delta 法"计算。为避免共线性，删除了 60~64 岁、学历在高中及以下和企业雇员在 500~999 之间的样本。所有的回归还包括了职业的虚拟变量、健康水平的虚拟变量和一些州、年份的固定效应，所有回归均为加权回归。

*** 表示在 1% 的水平上显著，** 表示在 5% 的水平上显著。

为检验特定年龄群体的工人是否更倾向于参加有健康储蓄账户州税补贴下的团体医疗保险，我们以 10 年为界限，将总样本分为四个不同的年龄群体对式（1.5）中进行重新估计。相关结果可见表 1-4，列（1）~列（4）为根据概率模型系数计算的所有解释变量的边际效应。在不同年龄段的人群中，健康储蓄账户的收入税补贴只对最年长的一组有显著影响：补贴使得 55~64 岁的工人参加团体医保的比例平均增加了 2.6 个百分点（在 5% 的统计水平上显著）。为了检验结果的敏感性，列（5）提供了线性模型估计结果，其与概率模型结果在系数大小和统计功效上基本保持一致。①

1.5.2　健康储蓄账户补贴对小型企业团体医疗保险覆盖率的影响

我们在本章研究背景和意义部分讨论过，健康储蓄账户的税收补贴可

---

① 正文虽未展示结果，但使用线性模型估计政策影响不显著的年龄群体（1）、年龄群体（2）和年龄群体（3）也得出一致的结果。

能对小企业的团体保险市场产生更大的影响。所以我们将估计健康储蓄账户对不同规模企业的影响来判断是否存在这种附加效应：

$$Y_{ijt} = f(\beta_0 + \beta_1 HSA_{jt-1} + \beta_2 X_{ijt} + \beta_3 Smallfirm_{ijt}$$
$$+ \beta_4 HSA_{jt} \times Smallfirm_{ijt} + \gamma_j + \delta_t + \epsilon) \qquad (1.6)$$

当居住在 j 州的工人 i 在 t 年的工作单位为小型企业时，$Smallfirm_{ijt} = 1$，否则为 0。本章首先将职员数在 25 人以下的定义为小型企业，并为了检验结果的敏感性，将职员数少于 100 人的划分为小型企业并再次进行系数估计。[①]

式（1.6）中两个关键变量 HSA_{jt-1} 和 $HSA_{jt-1} \times Smallfirm_{ijt}$ 的估计系数列示在表 1 – 5 中。前两列为使用第一种标准来定义小型企业时的结果，后两列是换为第二种标准定义时的结果。在两种标准下，交乘项系数都在统计意义上显著，与大型企业相比，健康储蓄账户对小型企业的工人参加团体医疗保险的概率有着更大的积极影响。

表 1 –4　　　　健康储蓄账户州税补贴对不同年龄段工人团体医疗
保险覆盖率的影响（加权）

变量	(1) Probit	(2) Probit	(3) Probit	(4) Probit	(5) OLS
	25~34 岁	35~44 岁	45~54 岁	55~64 岁	55~64 岁
健康储蓄账户	−0.004 (0.019)	−0.001 (0.016)	0.011 (0.010)	0.026 ** (0.013)	0.027 ** (0.013)
男性	−0.024 *** (0.004)	−0.004 (0.006)	−0.010 * (0.006)	0.001 (0.006)	0.001 (0.007)
非白种人	−0.032 *** (0.008)	−0.028 *** (0.010)	−0.045 *** (0.008)	−0.040 *** (0.011)	−0.046 *** (0.014)
已婚	0.020 * (0.011)	0.023 *** (0.008)	0.029 *** (0.006)	0.045 *** (0.007)	0.057 *** (0.008)

①　不同的州对于小公司的定义不同。使用雇员数量进行划分的话，一些州以 25 人为界定标准，而一些州以 100 人为标准，还有部分州以 50 人为分界线。但本章使用的人口普查数据并没有给出公司人数是否超过 50 人的信息，于是我们只能使用 25 和 100 人的标准来分离样本和定义小公司。

续表

变量	(1) Probit	(2) Probit	(3) Probit	(4) Probit	(5) OLS
	25~34 岁	35~44 岁	45~54 岁	55~64 岁	55~64 岁
高中学历	0.134 ***	0.125 ***	0.089 ***	0.067 ***	0.112 ***
	(0.010)	(0.013)	(0.008)	(0.012)	(0.020)
大学肄业	0.188 ***	0.155 ***	0.102 ***	0.085 ***	0.130 ***
	(0.012)	(0.010)	(0.009)	(0.009)	(0.018)
大学及以上学历	0.237 ***	0.190 ***	0.116 ***	0.096 ***	0.138 ***
	(0.011)	(0.012)	(0.010)	(0.014)	(0.022)
全职	0.168 ***	0.119 ***	0.105 ***	0.111 ***	0.149 ***
	(0.007)	(0.006)	(0.007)	(0.006)	(0.010)
工会成员	0.127 ***	0.090 ***	0.084 ***	0.085 ***	0.058 ***
	(0.013)	(0.011)	(0.008)	(0.010)	(0.009)
企业雇员少于 10 人	−0.181 ***	−0.212 ***	−0.184 ***	−0.146 ***	−0.201 ***
	(0.012)	(0.010)	(0.012)	(0.018)	(0.022)
企业有 10~24 名雇员	−0.123 ***	−0.139 ***	−0.120 ***	−0.082 ***	−0.092 ***
	(0.011)	(0.011)	(0.015)	(0.016)	(0.016)
企业有 25~99 名雇员	−0.057 ***	−0.070 ***	−0.067 ***	−0.038 **	−0.037 **
	(0.013)	(0.009)	(0.013)	(0.018)	(0.015)
企业有 100~499 名雇员	−0.012	−0.032 **	−0.027 **	−0.006	−0.004
	(0.013)	(0.013)	(0.013)	(0.015)	(0.012)
企业雇员多于 1000 人	0.012	−0.003	−0.004	0.018	0.013
	(0.010)	(0.009)	(0.013)	(0.015)	(0.012)
小于 5 岁孩子数量	0.015 ***	0.017 ***	−0.015	0.010	0.013
	(0.005)	(0.005)	(0.013)	(0.032)	(0.031)
配偶就业	0.145 ***	0.119 ***	0.087 ***	0.055 ***	0.052 ***
	(0.013)	(0.008)	(0.005)	(0.008)	(0.009)
样本数	26401	30077	30973	18520	18250
覆盖率均值	0.699	0.769	0.799	0.798	

注：圆括号中为标准差，在州层面上进行聚类。边际效应的标准差使用"Delta 法"计算。为避免共线性，删除了 60~64 岁、学历在高中及以下和企业雇员在 500~999 之间的样本。所有的回归还包括了职业的虚拟变量、健康水平的虚拟变量和一些州、年份的固定效应，所有回归均为加权回归。

*** 表示在 1% 的水平上显著，** 表示在 5% 的水平上显著。

表 1 - 5　　税收补贴对小型企业团体医疗保险覆盖率的影响（加权）

变量	标准1：雇员数少于25人的小型企业		标准2：雇员数少于100人的小型企业	
	（1）Probit	（2）OLS	（3）Probit	（4）OLS
健康储蓄账户	0.002 （0.036） [0.0004]	-0.002 （0.008）	-0.011 （0.039） [-0.002]	-0.005 （0.009）
健康储蓄账户×小型企业	0.082** （0.035） [0.024]	0.041*** （0.014）	0.104*** （0.032） [0.027]	0.043*** （0.013）
小型企业的平均覆盖率	0.566		0.624	

注：使用美国人口普查数据给出的权重。圆括号中为标准差，并在州层面上进行聚类。根据概率模型计算出的边际效应列示在方括号中。除企业规模外，回归与式（1.5）基于相同的控制变量。最后一行是利用两种标准计算所得的小型企业平均医保覆盖率。

*** 表示在1%水平上显著，** 表示在5%水平上显著。

表 1 - 5 的列（1）、列（3）中，方括号中的数字是相应变量的平均边际效应。在计算概率模型中交互项的边际效应时，本章使用了诺顿等（Norton et al.，2004）和卡拉贾—曼迪奇等（Karaca - Mandic et al.，2012）提出的计算和系数解释方法。当使用第一个标准时，交互项的统计系数在5%的水平上显著，平均边际效应是 0.024，表示在实施健康储蓄账户州税补贴时大型企业和小型企业在平均团体医疗保险参加率上有着2.4个百分点的区别，其中小型企业有着更高的边际效应。并由于健康储蓄账户补贴的主边际效应接近于零且在统计上不显著，健康储蓄账户税收补贴对小型企业团体医保覆盖率的影响接近于2.4个百分点。在将小型企业的定义人数增加到100人之后，健康储蓄账户与小企业的交互项在1%的水平上统计显著并有着2.7个百分点的边际效应。最小二乘法的结果在列（2）和（4）中列示，与概率模型中的估计量相比数值更大，但依然说明健康储蓄账户对小型企业的医保覆盖率有着显著的正向影响。

为了进一步探究健康储蓄账户税收补贴对不同规模企业的影响，我们加入了"中等规模企业"的交乘项，将式（1.6）扩展为：

$$Y_{ijt} = \beta_0 + \beta_1 HSA_{jt-1} + \beta_2 X_{ijt} + \beta_3 Smallfirm_{ijt} + \beta_4 Mediumfirm_{ijt} + \beta_5 HSA_{jt}$$

$$\times Smallfirm_{ijt} + \beta_6 HSA_{jt} \times Mediumfirm_{ijt} + \gamma_j + \delta_t + \epsilon \qquad (1.7)$$

当居住在 j 州的工人 i 在 t 年的工作单位为小型企业时，$Smallfirm_{ijt} = 1(j=1)$，当 j 州工人 i 在 t 年的工作单位为中型企业时，$Mediumfirm_{ijt} = 1$。对企业的规模划分也是采用两种标准。一是小型企业是雇员少于 25 人的企业，中型企业为 25～500 人；二是雇员小于 100 人为小型企业，而雇员在 100～1000 人之间为中型企业，分别使用两种定义方法来检验结果的敏感性。[①]

表 1-6 显示了式（1.7）中三个关键交互变量的估计系数。当概率模型中有不止一个交互项时，将无法准确地计算其边际效应，因此只在表 1-6 的列（1）、列（3）中给出了概率模型中的系数，而最小二乘法估计结果列示在（2）、列（4）中。列（2）显示了使用第一套标准划分企业规模的最小二乘结果，健康储蓄账户的州税补贴增加了 3.9 个百分点的小型企业团体医保覆盖率；但对中型企业的影响只有 2.1 个百分点，对大型企业则影响甚微，所有的交互项系数都在 1% 的水平上显著。F 检验结果显示，健康储蓄账户对小型企业和中型企业的影响在统计上是不相同的。[②]

表 1-6 中列（4）的结果是在改变了企业规模的定义后得出，健康储蓄账户税收补贴增加了小型企业近 4 个百分点的覆盖率，其对小型企业的影响也大于中型企业。F 检验也说明健康储蓄账户对小型企业和中型企业的影响程度不同，[③] 健康储蓄账户税收补贴的影响随着企业规模单调减少。

---

① 除上述两种分类方法以外，我们还额外使用了两套企业定义标准来进行回归。第一套标准是 "0～25 人" "25～100 人" "超过 100 人"；另一套标准是 "0～100 人" "101～500 人" "超过 500 人"，估计结果与表 5 一致，交互项均在统计上显著，与中型公司相比，小公司受到的影响更大。

② 根据表 1-6 列（1）中的卡方检验，两者在概率模型中的数值大小不可区分。

③ 表 1-6 列（3）中，在 10% 的水平上不能拒绝两交互项系数相同的假设，但在 15% 的水平上可以拒绝。

表 1-6　　　　健康储蓄账户税收补贴对不同规模企业团体医疗

保险覆盖率的影响（加权）

变量	标准 1		标准 2	
	（1）Probit	（2）OLS	（3）Probit	（4）OLS
健康储蓄账户	-0.058	-0.014	-0.038 (0.042)	-0.011 (0.010)
健康储蓄账户×中型企业	0.144*** (0.035)	0.035*** (0.010)	0.075* (0.039)	0.017* (0.009)
健康储蓄账户×小型企业	0.141*** (0.041)	0.053*** (0.016)	0.129*** (0.037)	0.048*** (0.015)
F - statistic		3.08		8.91
Prob > F		0.085		0.004
χ^2 statistic	0.01		2.42	
Prob > χ^2	0.928		0.120	

注：划分企业规模的第一种定义方法是：小型企业（雇员少于 25 人）、中型企业（雇员在 25～500 人之间）；第二套标准：小型企业（雇员少于 100 人）、中型企业（雇员在 100～1000 人之间）。除企业规模外，回归与式（1.5）基于相同的控制变量，但删去了企业规模、企业规模和大型企业的交互项 HSAs×large firm。

*** 表示在 1% 水平上显著，* 表示在 10% 水平上显著。

1.5.3 健康储蓄账户补贴对不同教育水平工人团体医疗保险覆盖率的影响

之前我们提过消费者导向的健康计划参与者通常有较高的学历，但是高学历的工人可能已经从雇主那里获得保险。在这种情况下，即使健康储蓄账户的补贴激励他们从传统保险计划转为包含健康储蓄账户的高扣除额医保计划，团体医保覆盖率在总体水平上的改变将很难被观测到。而低学历工人，比如高中及以下学历的工人之前若并未被医保覆盖，可能会受到健康储蓄账户的税收减免吸引从而参加团体保险。因此这一部分我们将估计健康储蓄账户补贴对低学历工人的影响。与分析小型企业相似，我们允许健康储蓄账户对不同学历的工人产生不同程度的影响：

$$Y_{ijt} = f(\beta_0 + \beta_1 HSA_{jt-1} + \beta_2 X_{ijt} + \beta_3 Loweducation_{ijt}$$

$$+ \beta_4 HSA_{jt} \times Loweducation_{ijt} + \gamma_j + \delta_t + \epsilon) \qquad (1.8)$$

在式（1.8）中，当 j 州的工人 i 在 t 年持有高中及以下文凭时，$Loweducation_{ijt} = 1$，否则为 0。为进一步探究健康储蓄账户税收补贴对不同受教育水平工人的影响，我们在保持式（1.5）中对教育水平划分的基础上加入了其与健康储蓄账户的交互项。

式（1.8）中 $\hat{\beta}_1$ 和 $\hat{\beta}_4$ 的估计系数在表 1 – 7 的面板 A 中列示。列（1）中，方括号里的数字是概率模型估计系数的平均边际效应。交互项的系数在 5% 的水平上显著，并给出了 2.5 个百分点的边际效应，说明与其他工人相比，健康储蓄账户补贴额外增加了低教育水平工人 2.5 个百分点的团体保险覆盖率。在计入健康储蓄账户的主边际效应后，健康储蓄账户补贴对受教育更少的工人的正向影响约为 2 个百分点。最小二乘法的估计结果在列（2）中，同样说明与其他工人相比，高中及以下学历的工人从健康储蓄账户的补贴中获益更多。

面板 B 展示的是在加入更多教育水平分类下的健康储蓄账户交互项的估计结果。因为列（1）的概率估计系数没有边际效应不能直接解释，接下来将使用列（2）中的最小二乘结果的解释。"健康储蓄账户×高中及以下学历"和"健康储蓄账户×高中学历"的截距项都在 10% 的水平上有着正的系数。对于学历在高中以下的工人，健康储蓄账户补贴带来了 5 个百分点的团体保险覆盖率增加，而对有高中学历的工人而言仅增加 2.2 个百分点；至于其他工人，估计效应小且不显著。F 检验也说明对于高中以下、高中和大学肄业学历工人而言，其影响程度不同。因此面板 A 和面板 B 中均提供了一致结果：当工人受教育水平更低时，健康储蓄账户补贴影响下使其团体保险覆盖率增加得更多。虽然概率模型估计系数不能直接解释，但是也能揭示同样的规律。①

---

① 卡方检验的结果在面板 B 的列（1）中，可以在 5% 的水平上拒绝健康储蓄账户补贴对高中及以下学历和大学肄业学历工人影响相同的假设。

表 1 - 7　　　　　　　　健康储蓄账户税收补贴对不同受教育水平工人

团体医疗保险覆盖率的影响（加权）

变量		(1) Probit	(2) OLS
面板 A：与低学历的交互项	健康储蓄账户	- 0.029 (0.051) [- 0.006]	- 0.009 (0.011)
	健康储蓄账户×高中及以下学历	0.113 ** (0.052) [0.025]	0.044 ** (0.018)
	较低学历的平均覆盖率	0.658	
面板 B：与不同受教育水平的交互项	健康储蓄账户	- 0.002 (0.054)	- 0.004 (0.011)
	健康储蓄账户×高中以下学历	0.114 (0.082)	0.054 * (0.029)
	健康储蓄账户×高中学历	0.061 (0.048)	0.026 * (0.013)
	健康储蓄账户×大学肄业	- 0.005 (0.059)	0.003 (0.013)
	F - statistic		5.03
	Prob > F		0.029
	χ^2 statistic	4.31	
	Prob > χ^2	0.038	

说明：面板 A 中低学历被定义为高中及以下学历，最后一行是低学历工人的平均团体医疗保险覆盖率。面板 B 中将受教育水平进一步细分为"高中以下""高中""大学肄业"和"大学及以上"，删去了大学及以上的学历及其与健康储蓄账户的交互项。方括号内为概率模型计算出的边际效应。

** 表示 5% 的水平上显著，* 表示 10% 的水平上显著。

1.5.4 健康储蓄账户税收价格对团体医疗保险覆盖率的影响

之前的章节中我们已证明健康储蓄账户州所得税补贴至少增加了某些人群的团体医疗保险覆盖率。但政策虚拟变量只反映了州中是否有健康储蓄账户补贴，而无法衡量补贴的大小。根据健康储蓄账户的实施规则，联邦和州的年度边际所得税率将共同决定补贴的力度，因此健康储蓄账户的税收价格能够更好地衡量政策力度，该变量包含联邦边际税率和各州政府实施补贴的情况。使用健康储蓄账户州级别的税收价格来代替政策虚拟变量代入回归方程，能够将健康储蓄账户政策的影响估计转换为健康储蓄账户税收价格与团体健康保险覆盖率之间的参数化估计。[①] 这一做法的好处是利用不同州在不同年份的收入所得税率变量，能够更准确地衡量健康储蓄账户补贴力度的影响；但相应的缺点是加强了参数假设。如果在计算中使用的一段时期税收价格或者税率的函数形式不够准确，州层面政策虚拟变量会更加有效。

为计算健康储蓄账户的税收价格，我们使用了由国家经济研究局（美国）的 TAXSIM 模型计算得出的每年最高联邦和州边际利率，将其代入税收价格的式（1.3）和式（1.4）中。不同州在不同年份的税法变动对于个人决策而言可看作外生的，因此最高收入税水平在州层面税收价格回归中可作为一个合适的自变量。以 2006 年的明尼苏达州为例：边际联邦收入税率最高达 32.9%，而州的最高收入税率为 8.01%，因此其健康储蓄账户税收价格是 0.5909。而加利佛利亚州的边际联邦收入税率最高达 32.25%（因为联邦法律中各州收入税的减税额不同，所以相应的最高联邦税率也不同），并且在未实行州所得税减免的情况下，其在 2006 年健康储蓄账户所得税价格应为 0.6775。需要说明的是，有可能存在未观测到的州层面特征与其最高所得税率、团体健康保险覆盖率相关，因此我们假设州固定效应很好地控制了这些不随时间变化的未观测变量。

在将政策虚拟变量替换为健康储蓄账户税收价格之后，式（1.5）变为：

$$Y_{ijt} = f(\beta_0 + \beta_1 Taxprice_{jt} + \beta_2 X_{ijt} + \gamma_j + \delta_t + \epsilon) \tag{1.9}$$

式（1.9）的主要结果在表 1-8 中列示。表 1-8 的列（1）~列（4）是式（1.9）中 $Taxprice_{jt}$ 的估计系数。当使用全样本或者 55~64 岁工人样本时，健康储蓄账户税收价格的估计效应为负。系数符号符合预期但统计意义上不显著，说明全样本团体健康保险覆盖率不受具体健康储蓄账户税

---

① 相关研究案例包括 Royalty（2000），Finkelsteain（2002），Gruber 和 Lettau（2004），Gruber 和 Washington（2005）。以上研究均为雇主赞助医疗保险的税收价格弹性估计。

收补贴力度的影响。

表 1 – 8 健康储蓄账户税收价格对团体健康
保险覆盖率的影响（加权）

变量	全样本		55 ~ 64 岁	
	（1）Probit	（2）OLS	（3）Probit	（4）OLS
健康储蓄账户	– 0.226	– 0.074	– 0.591	– 0.137
税收价格	（0.355） ［– 0.048］	（0.079）	（0.866） ［– 0.109］	（0.194）

注：回归利用人口普查数据提供的权重所得。圆括号内为标准差，并在州层面上进行聚类。方括号内为概率模型系数的边际效应。式（1.9）的回归与式（1.5）基于相同的控制变量。

为进一步研究税收价格对小型企业和低学历工人参加团体健康保险的影响，我们将具体工人类型和税收价格的截距项引入基准模型：

$$Y_{ijt} = f(\beta_0 + \beta_1 Taxprice_{jt} + \beta_2 X_{ijt} + \beta_3 Smallfirm_{ijt}$$
$$+ \beta_4 Taxprice_{jt} Smallfirm_{ijt} + \gamma_j + \delta_t + \epsilon) \qquad (1.10)$$

$$Y_{ijt} = f(\beta_0 + \beta_1 Taxprice_{jt} + \beta_2 X_{ijt} + \beta_3 Loweducation_{ijt}$$
$$+ \beta_4 Taxprice_{jt} Loweducation_{ijt} + \gamma_j + \delta_t + \epsilon) \qquad (1.11)$$

表 1 – 9 的列（1）是式（1.10）中 $Taxprice_{jt}$ 和 $Taxprice_{jt} Smallfirm_{ijt}$ 的估计系数，说明健康储蓄账户的税收补贴对小型企业的覆盖率有显著的影响。健康储蓄账户税收价格和小型企业的交互项有着 – 0.185 的平均边际效用，意味着健康储蓄账户的税收价格每下降 10 美分时，小型企业的团体保险覆盖率将增加 1.8 个百分点。[1] 式（1.11）中 $\hat{\beta}_1$ 和 $\hat{\beta}_4$ 的概率估计列示在表 1 – 9 列（3）。交互项的边际效应在 1% 的水平上显著，说明健康储蓄账户税收价格对高中及以下学历工人有着较大影响。当健康储蓄账户的税收价格下降 10 美分时，低文化工人的团体医疗保险覆盖率增长超过 3 个百分点。最小二乘法估计结果在列（2）和列（4），数字较大，但仍与结论一致，即在小型企业工作和有着更低学历的工人的参保决策受健康储蓄账户税收价格的影响更大。

———————

① 健康储蓄账户的税收价格在 0 ~ 1 美元之间。

表 1 – 9 健康储蓄账户税收价格对不同类型工人团体医疗
保险覆盖率的影响（加权）

变量	式（1.10）：在小型企业工作的工人		式（1.11）：受教育水平较低的工人	
	（1）Probit	（2）OLS	（3）Probit	（4）OLS
健康储蓄账户税收价格	0.026 （0.367） ［0.006］	0.056 （0.101）	0.810 （0.533） ［0.172］	0.220 （0.152）
健康储蓄账户税收价格×小型企业	− 0.693 * （0.430） ［ − 0.185］	− 0.401 ** （0.181）		
健康储蓄账户税收价格×低受教育水平			− 2.258 *** （0.830） ［ − 0.494］	− 0.782 ** （0.325）

注：回归利用人口普查数据提供的权重所得。圆括号内为标准差，并在州层面上进行聚类。方括号内为概率模型系数的边际效应。式（1.10）的回归与式（1.6）基于相同的控制变量。式（1.11）的回归与等式（1.8）基于相同的控制变量。低学历被定义为高中及以下。

*** 表示在 1% 的水平上显著，** 表示在 5% 的水平上显著，* 表示在 10% 的水平上显著。

1.6　稳健性检验

1.6.1　因果识别假设检验

上述结果是建立在模型与方法部分中提到的识别假设：2004～2012 年间，如果不存在健康储蓄账户州所得税补贴，那么在上述回归中被分为政策实施组和控制组的州在团体保险覆盖率上应该表现出类似的变动趋势，本节正是为了检验这一假设。因为实施健康储蓄账户税收补贴将导致部分财政收入损失，各州的财政状况对健康储蓄账户的立法可能存在影响，且州政府的执政理念也会影响是否为其提供税收补贴，这样即使健康储蓄账户相关立法不直接由该州的团体医疗保险覆盖率决定，政治利益因素也会同时影响法律的通过和医保覆盖。州级固定效应虽然能够控制平均覆盖率的差异，但仍有必要对处于控制组的州是否能够提供充分的反事实趋势进行考察。

　　利用追溯到 1999 年的人口普查数据，我们首先查看了团体医疗保险的历史时间趋势，以及不同年份在有无健康储蓄账户的州中不同类型工人团体健康保险的覆盖率差异。对实行和没有实行健康储蓄账户州税补贴州的平均团体保险覆盖率进行了以往趋势的比较，发现两组的趋势大体相似。就总体覆盖率和覆盖率的差异而言，无论该州中是否实施健康储蓄账户补贴，在政策颁布前都有着相似的趋势。然后我们利用了不同州在实施健康储蓄账户时间上的不同来描绘政策实施前后 5 年内平均团体保险的趋势，结果显示在图 1－2 中。四个面板分别是全样本、年长工人、小型企业工人和低文化工人的覆盖率变动趋势。从图 1－2 上看，没有明显的证据能够说明覆盖率的变化与健康储蓄账户政策实施的年份相关。从政策实施的前五年到后五年，团体保险覆盖率呈现轻微下降的趋势，[①] 这可能仅仅与美国医疗保险市场的总体下滑相关。

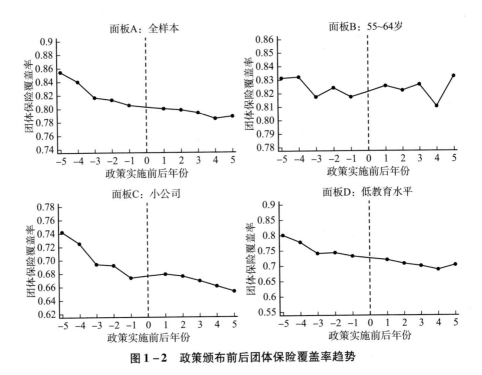

图 1－2　政策颁布前后团体保险覆盖率趋势

---

　　① 健康储蓄账户实施的前五年的平均覆盖率较高，因为在研究期间缅因州和宾夕法尼亚州都在 2006 年实施了健康储蓄账户计划，与其他州相比有着更高的覆盖率。

　　由于健康储蓄账户补贴造成的影响从维度上来看是非常小的，很难在图表中表现出有力的证据，因此平均覆盖率趋势比较也不足以完全排除事前趋势。下面我们将利用全参数事件研究法来进一步解决这一问题，在健康储蓄账户补贴政策颁布的前后五年，我们设医保覆盖为因变量，虚拟变量政策实施前5、4、3、2、1年以及政策实施后1、2、3、4、5年为自变量进行回归分析。[①] 这里我们删除了"第0年"这一变量，因此所有的系数都估计的是相对于政策实施当年健康储蓄账户的影响。控制变量包括一系列的人口统计变量，包括州级固定效应和年份固定效应。健康储蓄账户补贴实施前1~5年的估计系数将为我们提供事前医保覆盖率趋势的相关信息，而政策实施后的年份系数则测量了健康储蓄账户补贴对团体医保覆盖率的动态效应。

　　图 1 – 3 是在95%置信区间的点估计，4 个面板分别是限制样本的4 种方式。政策实施前后年份绘制在 x 轴上，y 轴是与实施前后年份对应的覆盖率的变化。所有政策实施前的估计量数值都很小且在统计不显著，[②] 说明在健康储蓄账户补贴实施前的年份和实施那一年相比，团体健康保险覆盖率没有明显的不同。而健康储蓄账户在实施之后，覆盖率开始上升。这说明健康储蓄账户补贴的系数与以往覆盖率的趋势无关。这一参数事件研究法为前文健康储蓄账户补贴至少增加了部分工人团体保险覆盖率的发现提供了支持。

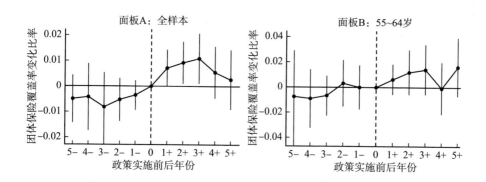

---

　　① 事件研究分析仅利用了线性回归，因为以往的研究发现都可看出非线性和线性回归有着相似的结果，所以由线性和非线性概率模型估计的趋势应该是一致的。

　　② 事件研究法回归分析得到的系数汇报在附录 A 中。

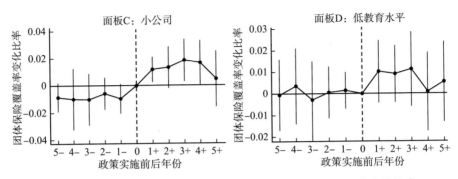

图1-3　政策颁布前后健康储蓄账户补贴对团体健康保险覆盖率的影响

1.6.2　敏感性分析：各州保险福利水平差异

本章主要的实证框架模型允许不同州在不同年份中的保险覆盖率不相同，并控制着所有可观测到的能影响覆盖率的因素。但是潜在问题是可能存在其他变量（如各州的团体医疗保险设计），如果它们也与健康储蓄账户补贴的实施相关，那将导致估计有误。所以我们利用2004～2012年医疗支出面板调查的保险部分（MEPS-IC），将保费和雇员缴费比例的变化加入模型，对结果进行了敏感性分析。[①] 加入的控制变量为各州各年的保费信息：人均总保费、个人保险计划中由雇员支付的比例、人均家庭保费、家庭保险计划中由雇员支付的比例。

我们首先探究了政策实施是否与保费水平以及与雇员支付比例相关。在我们研究窗口的前两年中，近半数州都提供了健康储蓄账户补贴，因此我们通过绘制2003年和2004年实施健康储蓄账户收税补贴的州的地图来观察政策实施规律。最早提供健康储蓄账户补贴的州有亚利桑那州、蒙大拿州和印第安州等。除此之外还有若干州跟随联邦收入税减免法令在2004年时开始实施州税补贴，剩余州则是直到2005年都还未实施健康储蓄账户补贴。另外我们通过绘图比较了2004年各州个人医保以及家庭医保计划的平均保费和雇员支付比例，发现并没有证据能够表明更早设立健康储蓄账户的州有着更低或者更高的保费或雇员支付比例。综上所述，健康储蓄账

---

① 因为对数据采集过程的升级，2007年的保险数据缺失。

户实施与特定团体健康保险计划之间并不存在较强的关联度。

为进一步排除医保计划设计差异对主要结果的影响，我们将各州每年的保费和雇员支付比例作为控制变量，对前文所有等式都进行了重新估计，以进一步检查结果的敏感性。因为保费数据的缺失，我们去掉了 2007 年的观测值。回归结果依然与先前一致，说明充分考虑各州医保福利设计后，健康储蓄账户对团体保险覆盖率的影响与我们之前的估计相比并无太大变化，估计结果列示在附录中的表 A1。

1.7　结论

本章为健康储蓄账户州所得税补贴对团体医疗保险覆盖率的影响提供了新的证据。在得到充分证据支撑的假设前提下，我们通过多种估计模型详细分析了健康储蓄账户补贴的影响。2003 年的联邦法律和接下来的州法律都为健康储蓄账户提供了有效的在不同州和年份上的政策变化。除此之外，不同的联邦和州边际所得税率也使健康储蓄账户税收补贴水平也随着州和年份改变。利用这些政策变化，我们发现健康储蓄账户的州所得补贴提高了一些重要人群的团体医疗保险覆盖率。

即使对全样本的积极影响十分有限，但健康储蓄账户的税收补贴提高了 55～64 岁工人将近 2 个百分点的医保覆盖率。本章同样发现，在小型企业工作的和有较低学历的工人受健康储蓄账户补贴的影响更大。当他们居住在提供健康储蓄账户补贴的州时，其参加团体医疗保险的概率会增加 2～3 个百分点，并且每当健康储蓄账户中存款的税收价格下降 10 美分时，他们团体医保覆盖率会相应增加 2～3 个百分点。与其他政策相比，健康储蓄账户州所得税免除的整体效果是有实质性作用的。以小型企业的团体保险市场为例，西蒙（Simon，2005）发现州小型企业团体医疗保险改革降低了小型企业工人近 2 个百分点的团体保险覆盖率。[①] 本章发现对于小型企业

---

① 州的立法通过采取行动来限制比率和对小公司保险市场的贷款歧视。小团体的改革包括利率的限制、基本医疗保险计划和既存条件排除法。

工人来说，健康储蓄账户与小型企业团体医疗保险改革有着相似程度的影响。

本章结果不仅可以为健康储蓄账户补贴对医保覆盖率的影响提供直接证据，并且可以为减轻医疗保健费用和患者保护与平价医疗法案的实施提供政策支持。在实施患者保护与平价医疗方案之后，高扣除额医保计划已经起到了减少费用增加的作用。兰德企业（2011）的大型评估发现，与参加传统医保计划相比，选择高扣除额医保计划将减少14%的平均医疗支出。因此，健康储蓄账户补贴刺激增加的高扣除额医保计划覆盖率能够进一步控制医疗费用。此外，包含健康储蓄账户的高扣除额医保计划是符合患者保护与平价医疗方案要求的，这可能使那些未来将面临大幅医疗保健支出上涨的雇主们更容易达到强制覆盖率的要求。最后，可能存在的一个问题是，高扣除额医保计划的参保者可能会为了节省医疗费用而减少部分必需的医疗服务，例如预防性保健。但在患者保护与平价医疗方案中加入包含健康储蓄账户的高扣除额医保计划之后，预防性支出可能并不会被放弃，因为患者保护与平价医疗方案规定医保计划免赔额可从预防性治疗中豁免。

健康储蓄账户对医疗保健市场的其他影响仍然是未知的。因为数据的限制，与其相关的一些问题仍未能解决。首先，如果能了解包含健康储蓄账户的高扣除额医保计划减少了多少传统计划中由道德风险导致的不必要支出，那将非常有趣。除预防保健之外，高扣除额医保计划是否还减少了其他必要的治疗？这些问题的答案可能取决于不同类型的保险，因为即使包含健康储蓄账户的高扣除额医保计划有着更高的免赔额，但它同时也包含一些传统保险不能报销的项目，比如牙科及眼科治疗。其次，工人是否会从传统医保计划转至包含健康储蓄账户的高扣除额计划，以及转变率的大小也是值得思考的。最后，哪类人群更能从包含健康储蓄账户的高扣除额医保计划中收益？健康储蓄账户的优化设计仍然是一个值得研究的问题。

第 2 章
精神健康保险强制平等法案
对工作时间的影响

2.1 研究意义和背景

团体保险是美国医疗保险的主要来源之一①，因此，相关的立法以及改革在数十年间都是健康经济学研究的重要话题。团体医疗保险计划的管理、内容及价格的制定都被期望可以减少未参保人员的数量，并确保参保人员能够获得适当水平的健康保障，目前最流行的州医保监管类型之一是强制健康保险福利。它要求团体保险设计中必须包括特定类型的医疗程序或治疗措施，例如孕产妇保健、糖尿病用品提供、癌症筛查、精神疾病治疗和滥用药物与酒精的治疗。这些强制要求使得需要此类医疗服务的人获得了更好的健康保障，他们的福利水平也将因此得到提高②。但是，遵守这些强制规定同样也意味着雇主团体保险成本会由于附加了额外医疗服务而提高。本章的目的是研究一种典型的强制福利，即禁止保险公司对精神健康保障和生理健康保障的保险范围进行区别对待的精神健康保险强制平

---

① 2/3 的非老年人口被自身或其家庭成员工作场所相关的团体医疗保险计划覆盖；而超过一半的工人会从雇主那里购买医疗保险（Henry J. Kaiser Family Foundation/Health Research and Educational Trust，2012）。

② 根据 Summers（1989），强制性福利与通过征收福利税来筹集资金的公共计划类似，它们可以解决一些公共物品提供的低效率问题。

等法案，对劳动力市场产生的影响。

传统医保计划中，团体计划对精神健康的医疗福利比对生理健康的医疗福利设置了更多的限制（心理协会，2010）。为了提高精神健康和改善药物滥用及成瘾情况，许多州通过了精神健康保险强制平等法案，要求对完全保险团体计划实施精神和生理疾病的平等保险①。作为1998年起生效的精神健康保险强制平等法案（Mental Health Parity Act，MHPA）以及2010年开始推行的精神健康保险强制平等和药物依赖强制平等法案（Mental Health Parity and Addiction Equity Act，MHPAEA）的一部分，联邦政府也进而采取措施，在雇主赞助计划中推广更全面的精神健康保险。精神健康保险强制平等法案和药物依赖平等法案仍在持续推行并扩大精神健康保险强制平等法案的影响，并在实行患者保护与平价医疗法案（Patient Protection and Afforable Care Act，PPACA）之后仍然有效。值得注意的是，联邦平等法中提到的雇主赞助保险计划包括完全保险计划和自我承保计划②。

对于雇主而言，遵守平等法案会大大提高提供团体保险的成本，这是由于这些法律要求保险公司支付以前由消费者自付的精神健康保障费用。在立法前，精神和生理健康保障之间的覆盖差异程度是与平等法案的成本相关的因素之一。1991年的雇主医保福利调查（健康保险协会）表明，超过80%的员工享受精神健康保险福利，但其中有大约70%的计划对精神健康医保的限制比对生理健康医保的限制更加严格。这些限制包括较低的年度或终生美元限额、较少的住院和门诊服务、较少的急诊和处方药，或者更高的免赔额、共付额和共同保险比率（美国总审计局，2000；Henry J. Kaiser Kaiser Family Foundation/Health Reasearch and Educational Trust，2002）③。因此，大多数团体医保计划设计需要被仔细审查以符合精神健康保险强制平等法案。

平等法案成本的决定因素是将平等的精神健康福利加入政策后或者提高当前精神健康医保福利水平后产生的保费增加数额。大部分的强制福利

---

① 完全保险计划是指由保险公司提供的保险计划，可涵盖雇员及其家属，并由雇主签订合同。

② 自我承保计划是指雇主自己筹集资金为员工提供并设计健康或残疾福利。

③ 只有2002年的调查询问了一系列关于每个计划中精神健康福利的问题。

显著地提高了个人和家庭保险的价格（美国劳动统计局员工福利调查，1981 ~ 1984），而精神健康强制法规则属于成本最高的强制福利之一（Gruber，1994）。根据 2009 年平价医疗保险理事会提供的对各州强制法规的成本评估①，实施精神健康保险强制平等法案将使平均保费增加 5% ~ 10%，即使是最低保障水平的精神健康强制福利和酗酒、药物滥用强制法规也会使得保费增加 1% ~ 3%②。

随着提供团体医保福利的成本增加，一些劳动力市场表现可能会产生变化，这是由于对全职工人的劳动需求减少了。首先，如果员工获得相同水平的薪酬组合，医保计划的价值越高，员工的工资则可能会越被降低③。其次，当工资水平调整存在约束时，雇主可能更偏好使用不需要强制提供团体保险的兼职工人来替代全职工人④。此外，如果将提供医疗保险视为准固定雇佣成本，雇主可以选择增加每个员工的工作时间，而不增加员工的数量。最后，如果团体医疗保险是自愿提供的，那么雇主可以选择在价格过高时停止提供医保计划，那么平均团体覆盖范围可能会减少。

除了劳动需求，精神健康保险强制平等法案的制定也可能影响劳动供应的广延边际和集约边际。劳动供给广延边际的反应程度取决于个体对该福利的重视程度。如果足够重视精神健康福利，个体会增加劳动供给以获得工作单位提供的保险覆盖，从而享受新福利。从集约边际的角度来看，平等法案可能会延长工作时间。为了保持相同的效用水平，全职工人会增加他们的工作时间以获得更多的消费品，因为平等法案会降低工资水平。兼职工人也可能会增加工作时间以获得质量更高的团体医疗保险。此外，精神健康保障可及性的提高还可能提高精神健康保健的使用，并导致更好

---

① CAHI 提供的州强制福利独立精算工作组分析了公司数据和相关经验之后得出一系列估计，如果强制福利加入到不含该福利的保险政策中，成本将增加的范围属于低于 1%、1% ~ 3%、3% ~ 5%、或 5% ~ 10%。这些估计是基于真实的医疗保险政策而不是理论或建模。

② 雇主可能会降低对其他非强制福利和非医疗附加福利的慷慨性，或者增加员工的保费份额来保持雇佣总成本不变。但是没有证据表明，医保福利水平和非医疗附加福利因为平等法案而有所减少（Anand，2011）。虽然 Gruber 和 McKnight（2003）指出员工保费负担份额增加的一部分来自医保成本的上升，但不是所有增加的成本都可以被转嫁。

③ 薪酬组合通常包括直接福利（如工资和奖金）和间接福利（如保险和养老金）。

④ 根据美国国家税务局的规定，非歧视原则要求如果企业提供团体医疗保险，则应向全体全职工人提供。

的精神健康状态。同时，已有理论和实证证据证明更好的精神健康状态会提高生产力。

关于精神健康强制法案实施后工作时间变化方向的理论预测是模糊的，也缺乏一致的经验证据①。因此，本章侧重于寻找关于平等法案对工作时间影响的新实证证据。为了识别其因果关系，本章首先将不同时间和州层面上的政策变化与1992～2010年人口普查3月补充数据中的个人层面数据相匹配。结果表明，对私营部门的25～64岁的员工，居住在实施平等法案州的员工每年工作周数增加了1.4%；对于35～44岁的员工，州精神健康保险强制平等法案使其成为兼职工人的概率增加了1.8个百分点，每周平均工作小时数减少了1.7%。由于自我承保的公司并不受到州政府保险监管条例的约束，本章还比较了平等法对小公司与大公司影响的区别，因为后者更有可能实施自我承保。结果表明，州平等法案使得小公司员工平均工作周数比大公司大约多增加1%。

随后，本章研究了两个联邦平等法案的影响，查看其是否证实了之前的发现。如果我们将已经实施平等法案的州视为控制组，那么1998年生效的MHPA和2010年生效的MHPAEA均可以被视为"反向实验"。对实验州（在联邦立法之前没有实施州平等法案）和非实验州（在联邦立法年前已经实施了州平等法案）进行前后比较之后发现，MHPA几乎不对工作时间产生影响②。但是，MHPAEA是一项比MHPA力度更强的法案，工作周数被提高了1.7%。所有平等法案的估计结果都通过了事前趋势检验，并且在回归中加入州、年份、地区与年份交互项、州层面线性时间趋势后的结果都是稳健的。

本章实证研究中使用的工作时间变量（工作小时数和工作周数）可被视为均衡结果，反映了作为需求方的雇主和作为供给方的雇员的信息。本章分析中可能存在的缺陷（包括供需影响）无法通过实证分析进行区分。

---

① 尽管理论上预期工资会更低，但现有关于州精神健康保险强制平等法案效果的研究并没有发现其对工资有显著的负面影响。因此，在更长时期、更全面的政策数据下，笔者查看了州精神健康保险强制平等法案对小时工资的影响，结果仍然是不显著的。除此以外，利用2010年联邦平等法案进行"反向试验"，结果也表明其对工资的影响很小且不显著。结果显示在表A2中。

② 两个联邦法律在不同的年份生效，所以两个"反向实验"的研究时期取决于法令实际的生效年份。

此外，受影响最大的人群，即患有精神疾病或患病风险高的人群无法利用其人口特征进行区分，从而也无法对他们进行单独分析①。因此，我们这里对于工作周数增加的估计对象是一般员工，并不考虑其精神健康状况如何。根据以前的文献和后面给出的一些建议性的经验证据，本章内容应称作关于"效率成本"的研究而不是"公平权益"的研究，并且这种对工作时间产生的积极影响主要是由于医疗保险费用增加和劳动供给正向激励，并不是由于更好的精神健康状态导致。

2.2　理论框架和政策简介

2.2.1　团体医疗保险强制法案与劳动力市场互动关系的理论框架

本节将讨论与实证分析相关的概念框架。现有的理论研究表明，实施强制性医疗保险会增加提供团体保险的成本。因此，劳动需求和供给都有可能发生变化，劳动力市场表现也可能会根据新的均衡发生变化，例如就业、工资、工作时间和团体保险覆盖率。萨默斯（Summers，1989）提出了强制性福利的经济学理论，强制性福利要求雇主为员工支付更多费用；如果工人重视福利，则劳动力供给增加，劳动力需求减少。劳动供需模型推导出的新均衡结果表明，工资降低但就业的变化模糊不清。格鲁伯和克鲁格（Gruber and Krueger，1991）提供了一个更正式的模型，并推导出强制性福利对劳动力市场的影响取决于劳动力需求和供给的弹性、福利的成本以及员工对福利的重视程度。

萨默斯将上述分析应用于医疗保险，认为强制性团体医疗保险不会影响工人关于工作时间的决策，因为医疗保险属于固定成本，工作更长时间

---

① 如果一项强制法案扩大了工作单位中可通过人口特征识别的群体的福利，则将其称为"特定群体强制法案"，如 Gruber（1994）提到的强制性怀孕和生产时期医疗福利。

的工人不会因此而获得更多的团体保险。弗里德曼（Feldman，1993）则认为，强制一次性福利所产生的收入效应太大以至于无法被忽略。在执行强制性福利后，健康医疗福利得到改善，其他消费品减少。因此，如果将劳动力供给视为可分割的小时数，则强制性医疗福利会使员工增加工作时间以获得更多的消费品，来维持相同的效用水平。

弗里德曼的研究提供了员工工作时间增加的机制。而另一方面，卡特勒和马德里安（Culter and Madrian，1998）提出了一种机制，即当固定雇佣成本增加时，雇主将有动机从更少的工人那里索取更多的工作时间。他们的理论框架如下：公司的生产函数为 $f(H \cdot N)$，雇佣工人的成本为 $C = N \cdot M(H, P)$。变量 H 表示工作小时数，N 表示员工数量。$M(H, P)$ 是总薪酬的函数，取决于时间 H 和福利价格 P。公司通过选择 N 和 H 来实现利润最大化：

$$\max_{H,N} \pi = f(H \cdot N) - N \cdot M(H, P) \tag{2.1}$$

该利润函数假设员工数量和工作小时数是完美的替代品，雇主为员工提供"工资/小时数"的组合而不是小时工资和灵活的工作时间。将式（2.1）的两个一阶条件进行全微分并整理后得到 $\mathrm{d}H/\mathrm{d}P$ 的解以及 $\mathrm{d}N/\mathrm{d}P$ 的解：

$$\frac{\mathrm{d}H}{\mathrm{d}P} = \frac{\dfrac{M_P}{H} - M_{PH}}{M_{HH}} \tag{2.2}$$

$$\frac{\mathrm{d}N}{\mathrm{d}P} = -\frac{N}{H}\frac{\mathrm{d}H}{\mathrm{d}P} + \frac{M_P}{H^2 f''} \tag{2.3}$$

式（2.2）意味着增加福利价格的影响取决于额外工作一小时的平均成本相对于额外工作一小时边际成本的大小。从式（2.3）可以看出，增加医疗保险成本会改变工作小时数和员工数量。如果对工作小时数的影响是积极的，那么对就业的影响则是负面的，反之亦然。综上，福利成本对劳动力市场影响的所有相关模型都得出了工资、工作时间和就业改变的结论。

2.2.2　精神健康保险强制平等法案简介

据统计，大约30%的人会出现某种程度的可诊断的精神疾病或物质使用失常（Kessler et al.，1994）。但私人医保政策往往不包括与生理疾病相同的精神疾病和物质使用障碍医保福利，导致大多数人并没有得到恰当的治疗。20 世纪 50 年代以来，精神健康开始融入主流医疗保障系统，一直受到美国立法会议的关注。改善团体医疗保险计划中精神健康福利的努力可以追溯到 20 世纪 70 年代，当时一些州立法机构开始为物质使用失常和精神疾病制定强制性最低福利水平。到 20 世纪 80 年代后期，要求保险公司为精神健康疾病提供一定程度的保险成为了立法的主流，但这里的精神健康主要指物质使用失常，例如酒精依赖。20 世纪 90 年代早期，为了进一步减少生理健康和精神健康覆盖范围的差异，一些州开始实施精神健康保险强制平等法案，要求对完全投保的公司进行生理和精神疾病的平等覆盖。更具体地说，平等法案通常禁止保险公司对精神疾病提出比生理疾病更高的财务要求或者更多的治疗限制①。

到 2010 年，28 个州确立了精神健康保险强制平等法案，尽管这些法案的适用范围和状况有所不同。一些州（例如俄勒冈州和佛蒙特州）有更全面的平等法案，它们要求对较广范围的精神疾病进行平等覆盖②，并且适用于所有类型人群。与此同时，一些州（例如加利福尼亚州和马萨诸塞州）的平等法案则对某些特定精神健康状况或特定的群体实施了限制或者豁免③。其他尚未实施精神健康保险强制平等法案的州可大致分为三类：强制提供、强制最低福利和无强制精神健康保险规定。强制性提供的州要求是，如果保险公司提供精神健康保险选择时，其福利水平需与生理健康保险相同。强制最低福利的州则只规定最低水平的精神健康保险，并不要求与其他保险相同。无强制精神健康保险意味着这些州没有实施有关精神健康保险的任何规定④。1992～2010 年，除了怀俄明州以外的每个州都分

---

① 财务要求包括免赔额、共付额、共同保险费率和自付限额。治疗限制包括住院天数和门诊就诊次数。

② 广泛的精神疾病，包括任何精神障碍、神经障碍、药物滥用以及发育或智力障碍。

③ 特定的精神健康状况在这里通常指主流的精神疾病，一般在法规中被定义为精神分裂症、情感分裂症、精神障碍、精神病、双相情感障碍，严重抑郁症、恐慌症和强迫症。特定群体指的是大公司或者州雇员。

④ 在随后的实证分析中，本章使用单个虚拟变量来识别较为广义的州平等法案。如果一个州有平等法案，那么无论其强度如何，其虚拟变量取值为 1；否则为 0，即使这些州实施了强制提供保险和最低福利。本章暂不考虑不同类型的平等法案的不同影响，因为这些平等法案缺乏较为明确的界定，并且它们带来了相似的医保成本上升。

别在不同年份实施了平等法案或某种类型的精神健康强制要求。有关制度法规实施的数据来自多种资料，包括药物滥用及精神健康服务管理局（Substance Abuse and Mental Health Service Administration，SAMHSA），卫生及公众服务部精神健康服务中心（Center for Mental Health Services，CMHS），国家精神疾病联合会（National Alliance on Mental Illness，NAMI），（美国）全国州议会联合会，蓝十字蓝盾协会（the Blue Cross Blue Shield Association，BCBSA）以及具体的州法律法规①。

除了州层面的精神健康保险强制平等法案日益普及外，联邦政府也于1996年在全国范围内推动了精神健康平等。精神健康保险强制平等法案（1998年1月生效）要求团体保险计划为精神健康提供与生理健康保险相同的终生及年度限额。联邦平等法案背景下的团体医疗保险包括拥有超过50名员工的私营和公共部门向其员工提供保险的计划，以及拥有超过50名员工的雇主从医疗保险公司为其员工购买保险的计划。由于只有在保险计划中包含精神健康福利时该法规才适用，所以在与州平等法案进行比较时，MHPA的强度更弱。从这个角度来看，MHPA可以被视为"强制性提供"甚至是更弱的法令，因为它只要求了平等财务限制。但是，由于员工退休收入保障法（the Employee Retirement Income Security Act，ERISA），州平等法豁免了自我承保雇主赞助医保计划。这可能使得受影响的员工数量减少了一半。MHPA通过填补这一空白，将覆盖比州级平等法案范围更广的员工。

随着2008年精神健康保险强制平等法案的日落条款，一项名为精神健康保险强制平等及成瘾治疗平等法案（MHPAEA）的新联邦法律规定了对精神和生理健康状况的平等覆盖。在MHPA的基础上，MHPAEA将强制平等的要求扩大至药物依赖治疗。除此以外，MHPAEA还通过增加财务要求、治疗限制和网外福利等的额外保护，扩大了MHPA对终生及年度金额限制的平等要求。具体来说，团体计划对精神健康和药物依赖医保福利所施加的财务要求（例如免赔额、共付额、共同保险和自费限制）不能比适

---

① 所有的数据来源都提供了关于州强制法案实施年份的可靠数据，但它们之间存在个别不一致之处。为提高各州政策实施年份的可靠性，当多个数据来源中存在不一致时，笔者会使用各州政府网站中的立法信息来对照检查，可根据要求提供具体的政策编码。

用于其他医疗福利的财务要求更具限制性。同时，对于精神健康和药物依赖也不能有更严格的治疗限制以及对治疗频率、就诊次数、覆盖天数、治疗范围和持续时间的额外限制。最后，如果某个医保计划或保险公司在定点医疗机构以外提供了医疗福利，那么它也应当在定点医疗机构范围外为精神健康和药物依赖提供福利。

2.3　文献综述

如前所述，实施强制法案后，劳动力需求和供给都可能受到团体保险成本上升和医疗保障可及范围扩大的影响。现有研究主要集中在颁布强制性健康福利对相关劳动力市场后果的影响上，例如就业、工资、工作小时数和周数、劳动投入构成或一些医疗保险结果，如团体覆盖率和非工资补偿福利的慷慨性。

人们普遍认为强制性福利会增加医疗保险成本，因此我们首先从一组着眼于保险成本上升对劳动力市场结果的直接影响的文献开始讨论。已有研究提供了工人工资被降低以抵消医保成本上升的证据（Gruber and Krueger，1991；Sheiner，1999；Baicker and Chandra，2006；Kolstad and Kowalski，2012）。但是，有关工作时间变化的实证结果则未有明确结论。卡特勒和马德里安（1998）的研究表明，医保成本的上升使有医疗保险的员工的工作时间增加了 3%。相反地，根据伯克和钱德拉（Baicker and Chandra，2006）的估计，医疗保险费增长 10% 会使工作小时数减少 2.4%，这是因为工人兼职的可能性增加了 1.9 个百分点。通过使用州和联邦立法在集体保险中对产假福利上的变化，格鲁伯（Gruber，1994）考虑了强制性怀孕及分娩福利的劳动力市场效应，并发现成本被大幅度转移到工资上，单对目标群体的总劳动投入影响不大，他还考察了州政府对团体医疗保险实施的强制性福利数量的影响，发现法规数量对保险覆盖率几乎没有影响。凯斯特纳和西蒙（Kaestner and Simon，2002）发现，州强制医疗保险福利对工资、工作周数和团体保险覆盖率在统计学上没有显著影响，但是增加了 1989～1998 年的每周工作小时数。切赫（Cseh，2008）和郎

（Lang，2013）研究了数年来实施州精神健康保险强制平等法案的效果，但没有发现其对劳动力市场表现产生影响的证据。最近的关于平等法案对劳动力市场影响的研究是安德森（Anderson，2015），他利用1997~2001年的各州立法变化，提出平等法案会改善精神压力过大的工人的劳动力市场表现。

此外，还有一些关于其他类型州强制保险的案例研究。夏威夷拥有历史最悠久的强制性雇主医疗保险——夏威夷预付健康保障。夏威夷的强制法令并未降低工资和就业机会，但却增加了对不被该法令覆盖的兼职工人的依赖（Thurston，1997；Buchmueller et al.，2011）。马萨诸塞州也有"基于强制的"医保改革。科斯达德和科瓦尔斯基（Kolstad and Kowalski，2012）研究表明，由于新投保的有价值的团体保险，含有雇主赞助的健康保险的工作支付的工资较低。

关于精神健康强制平等的文献不仅限于其对劳动力市场效应的研究，还就其对精神健康保障服务利用和精神健康的影响进行了广泛的研究。根据平等法案的早期研究，没有证据表明各州平等法案改善了精神健康保障的可及性（Sturm and Pacula，1999；2000；Bao and Sturm，2004）。想要识别精神健康保险强制平等法案与医疗可及性或健康结果的因果关系有一定难度，因为法律制定就与这些变量相关。为了解决这个问题，克里克和马尔科维茨（Klick and Markowitz，2006）用两阶段最小二乘法来估计精神健康保险强制法规对州层面自杀率的影响，研究发现强制法规无法有效降低自杀率。对小公司员工而言，较新的平等法案提高了他们的精神健康服务利用（Busch and Barry，2008）。郎（2013）也表明平等法案降低了自杀率。

然而，关于各州精神健康保险强制平等法案对劳动力市场影响的证据，特别是对工作时间和雇佣兼职工人概率的影响仍然缺乏。本章的研究从两方面对以前的文献进行了补充。首先，本章在一个较长的时间窗内，对州精神健康保险强制平等法案对工作小时数和周数的影响进行了全面的实证分析，该时间段涵盖了所有州平等法案立法的完整发展历程，同时还展示了平等法案在不同的年龄组、性别和公司规模之间的影响差异。其次，本章通过"反向实验"提供了两个联邦精神健康保险强制平等法案

（MHPA 和 MHPAEA）对工作时间影响的新证据。对联邦强制法规的分析可以进一步证实州法令的研究结果，并为工作时间的影响机制提供建议性证据。

2.4　州政府精神健康保险强制平等法案的影响

2.4.1　数据和方法

本章实证研究的第一个目标是估计各州精神健康保险强制平等法案的效果，分析主要基于 1992～2010 年人口普查 3 月补充数据（IPUMS – CPS，明尼苏达大学）的重复截面数据。样本被限制为 25～64 岁的在过去一年在私营部门中就业且并非自雇的个人。将样本限制为该年龄段的员工可以消除因入学、父母的保险或退休而导致的保险覆盖变更。除了丰富的个人特征（如年龄、性别、种族、婚姻状况、子女数量、工会会员、教育程度、公司规模、职业和行业），数据还给出了过去一年通常每周工作小时数和过去一年全年工作的周数①。

表 2 – 1 分别报告了总样本以及有无精神健康保险强制平等法案州的变量描述性统计。② 平等法案州的工人有相似的工作小时数和周数，并且是兼职的可能性略高于非平等法案州③。平等法案州和非平等法案州之间的其他人口统计特征的差异则不是很明显。

---

①　将样本限制在私营部门的工作人员之后，他们报告的工作小时数和周数都是正数。当对工作时间取对数时，就不需要考虑其取值为零时的情况。

②　平等法案州表示已实施全面或有限平等法案的州，而非平等法案州则表示所有其他的州。

③　最新的（美国）国内税收服务非歧视原则（国内税收公告：2015 – 2）定义了全职员工是预计每周工作超过 30 小时的员工。但兼职工人也可以免除这些福利。第 1.410（a）（–3）（e）（2）条（员工计划部门的代码）要求每年提供 1000 小时服务作为参与条件，不包括兼职或季节性员工。因此，本章假设非季节性员工每年至少工作 40 周，故使用工作 25 小时每周来作为最有可能免除团体健康保险的兼职工人的分界线。

表 2－1   描述性统计：加权平均值

变量	所有州 （51 个）	平等法案州 （28 个）	非平等法案州 （23 个）
因变量			
小时数/周	40.576 （10.275）	40.421 （10.226）	40.791 （10.337）
周数/年	47.561 （10.732）	47.528 （10.757）	47.605 （10.696）
从事兼职	0.069 （0.254）	0.072 （0.258）	0.066 （0.249）
医保覆盖率	0.753 （0.431）	0.756 （0.430）	0.750 （0.433）
自变量（人口统计特征）			
年龄	41.126 （10.381）	41.116 （10.372）	41.141 （10.394）
男性	0.534 （0.499）	0.534 （0.499）	0.533 （0.499）
非白人	0.170 （0.376）	0.179 （0.384）	0.157 （0.364）
已婚	0.630 （0.483）	0.624 （0.484）	0.638 （0.481）
小于 5 岁的子女数量	0.197 （0.496）	0.196 （0.494）	0.198 （0.499）
高中水平以下	0.117 （0.322）	0.118 （0.322）	0.117 （0.321）
高中水平	0.334 （0.472）	0.324 （0.468）	0.349 （0.477）
大学水平	0.281 （0.449）	0.274 （0.446）	0.290 （0.454）
学士及更高学历	0.268 （0.443）	0.285 （0.451）	0.244 （0.430）
样本数量	1025094	594602	430492

注：使用 CPS 补充调查权重。括号中报告标准差。使用的样本是 1992～2010 年汇总的 CPS 3 月补充数据。观察对象仅限于私人部门 25～64 岁的工人。

本章通过评估政策实施前后的平等法案州的工人的工作时间的变化，将其与非平等法案州的工人的工作时间变化进行比较，最终估算出州平等法案的影响。为了控制其他影响因素，以及与平等法案的制定决策相关（但不是由其导致）的对劳动力市场表现的任何系统冲击，我们使用如下方程进行估计：

$$Y_{ijt} = \beta_0 + \beta_1 Parity_{jt-1} + \beta_2 X_{ijt} + \gamma_j + \delta_t + \pi_j \cdot \delta_t + \gamma_j \cdot t + \epsilon \quad (2.4)$$

式（2.4）中，因变量 Y_{ijt} 是 t 年居住在 j 州的工人 i 报告的工作时间的度量之一。如果在 $t-1$ 年的最后一天之前该州的平等法案生效了，那么就定义该州在 t 年及以后都为平等法案州，其虚拟变量 $Parity_{jt-1}$ 的值为 1，否则为 0。X_{ijt} 表示个人特征：年龄、性别、受教育程度、种族、婚姻状况、五岁以下子女人数、工会会员、公司规模、职业和行业[①]。除此以外，回归方程中包括各州固定效应 γ_j 和年度固定效应 δ_t，γ_j 用于控制各州工作时间模式中的任何差异，包括实施平等法案和未实施平等法案的州之间在工作时间上的任何差异；δ_t 用于捕捉时间趋势。式（2.4）中还包括用于控制区域特定时间趋势性的区域乘以年度效应，这些趋势可能与平等法案的通过有关。同时，州层面的线性时间趋势还可以控制每个州的缓慢变化趋势。关键系数 β_1 表示各州精神健康保险强制平等法案对工作时间的影响。

以上方法需要满足一个因果识别假设：平等法案所反映的趋势在政策颁布之前是不存在的。它还要求与州平等法案发生在同一时期的其他政策冲击不会影响实证结果。由于精神健康保险强制平等立法活动经过了非常长时间的变化，各州的政策演化过程也非常复杂，因此上述假设相当之弱。此外，平等法案可能会影响就业结果，所以将样本限制在工作个体时可能存在自选择问题。为了减轻这个问题，州平等法案对就业的影响将作为第 2.7 节中的稳健性检验之一。

---

① 自 2003 年以来，CPS 3 月补充数据对职业和行业进行了重新编码，本章使用 2003 年之前版本的定义将这些年的职业编码分为 6 大类职业。至于行业，本章根据 Mary Bowler、Randy E. Ilg、Stephen Miller、Ed Robison 和 Anne Polivka 给出的 "2003 年 1 月生效的人口普查的修订" 将所有行业代码分为 11 大类。

2.4.2 总样本基准结果

表 2-2 显示了式（2.4）的回归结果，并对估计进行了加权以使样本具有全国代表性。标准差在州层面聚类，以控制随时间推移的各州的自相关。第（1）～第（4）列分别报告了关于平等法的 4 项估计结果：每周工作小时数、过去一年工作周数、该工人是否为兼职工人（每周工作时间少于 25 小时）以及团体保险覆盖[1]。回归分析中对所有工作时间取对数。精神健康保险强制平等法案对工作时间的影响如下：由第（2）列的结果，精神健康保险强制平等法案的实施使工作周数增加了 1.4%（在 1% 水平上显著）；第（1）列和第（3）列的结果表明，平等法案对工作小时数和成为兼职工人的影响在统计上不显著。

如上所述，我们发现工作周数的增加可能是由于实施州平等法案推动医疗保险成本上升，或者是精神健康保障可及性的提高使生产率提高。但对于工作小时数，结果并不明确，这是由于平等法案可能会在增加全职工人工作时间的同时增加对兼职工人（工作时间短）的需求[2]。这也可能是无法估计出平等法案对工作小时数产生显著性影响的原因。此外，根据第（4）列的结果，平等法案对团体覆盖的影响不显著。最后，协变量的结果均符合预期。

表 2-2　　　州平等法案对工作时间和保险覆盖率的影响（加权）

变量	(1) Log 小时数/周	(2) Log 周数/年	(3) 兼职	(4) 保险覆盖率
平等法案	-0.006 (0.004)	0.014 *** (0.003)	0.005 (0.003)	0.004 (0.005)

---

[1]　在这种情况下，衡量覆盖率的更好的方法是以自己的名义拥有团体保险，但 CPS 三月补充数据仅在 1996 年之后才有关于保单持有人为本人的信息。因此，在各州平等法案分析中，我们只使用团体保险覆盖变量。在联邦实验中，则使用以自己名义拥有的团体保险作为因变量。

[2]　Culter and Madrian（1998）的研究将样本限制在每年工作超过 40 周的工人。

续表

变量	（1） Log 小时数/周	（2） Log 周数/年	（3） 兼职	（4） 保险覆盖率
年龄	0.012 *** （0.001）	0.006 *** （0.001）	− 0.006 *** （0.001）	0.012 *** （0.001）
年龄的平方	− 0.000 *** （0.000）	− 0.000 *** （0.000）	0.000 *** （0.000）	− 0.000 *** （0.000）
男性	0.144 *** （0.005）	0.039 *** （0.002）	− 0.072 *** （0.003）	− 0.011 *** （0.003）
非白人	0.001 （0.004）	− 0.011 *** （0.002）	− 0.013 *** （0.003）	− 0.057 *** （0.008）
已婚	− 0.019 *** （0.003）	0.012 *** （0.003）	0.020 *** （0.002）	0.131 *** （0.003）
小于 5 岁的子女数量	− 0.023 *** （0.002）	− 0.019 *** （0.002）	− 0.022 *** （0.002）	− 0.003 （0.003）
高中水平以下	− 0.027 *** （0.004）	− 0.019 *** （0.005）	− 0.017 *** （0.003）	− 0.207 *** （0.012）
高中水平	− 0.016 *** （0.003）	0.006 *** （0.002）	− 0.016 *** （0.002）	− 0.053 *** （0.004）
大学水平	− 0.020 *** （0.003）	0.004 * （0.002）	− 0.004 * （0.002）	− 0.023 *** （0.003）
工会成员	− 0.000 （0.003）	0.014 *** （0.003）	− 0.011 *** （0.003）	0.093 *** （0.008）
样本数量	195534	195534	195534	195534

注：所有回归模型都包括以下控制变量：公司规模（5 个虚拟变量）、行业（11 个虚拟变量）、职业（6 个虚拟变量）、年份虚拟变量、各州虚拟变量、各州时间趋势和区域—年份虚拟变量。省略的教育类别为"学士或更高学位"。省略的公司规模类别是"员工数量超过 1000 人"。

括号中报告的是标准差，$*$ 表示 $p < 0.1$，$**$ 表示 $p < 0.05$，$***$ 表示 $p < 0.01$。

为了进一步考察某个年龄组或者性别是否更易受各州精神健康保险强制平等法案的影响，本章根据工人的性别和四个年龄组分别来估计式（2.4），结果如表 2 - 3 所示。如第（1）列所示，州平等法将 35 ~ 44 岁的工人的工作小时数减少了 1.7%。第（3）列结果显示，平等法使该组工人兼职可能性增加了 1.8%，这一结果为之前的假设提供了支持，即雇主雇用更多的兼职工人来避免更高的固定成本，因此工作小时数减少。此外，从第（2）列结果可以看出哪一类工人更有可能因为平等法而提高工作周数。女性工人和年龄较大的工人（35 岁以上）增加的工作周数更多，这是由于女性和年龄较大的工人患有精神疾病的风险更大（世界卫生组织）。

表 2 - 3　　　州平等法对不同类型工人的工作时间的影响（加权）

变量	（1） 小时数/周	（2） 周数/年	（3） 兼职	（4） 样本数量
性别				
男性	- 0. 008 (0. 006)	0. 009 (0. 005)	0. 003 (0. 003)	102044
女性	- 0. 004 (0. 006)	0. 019 *** (0. 004)	0. 007 (0. 006)	93490
年龄				
25 ~ 34	- 0. 007 (0. 007)	0. 006 (0. 005)	0. 003 (0. 006)	58219
35 ~ 44	- 0. 017 ** (0. 007)	0. 011 ** (0. 005)	0. 018 ** (0. 006)	63476
45 ~ 54	0. 006 (0. 008)	0. 022 *** (0. 005)	- 0. 005 (0. 007)	49687
55 ~ 64	- 0. 001 (0. 008)	0. 026 *** (0. 007)	- 0. 003 (0. 008)	24152

注：使用补充调查权重。样本为 1992 ~ 2010 年汇总的 CPS 3 月补充数据。观察对象仅限于私营部门 25 ~ 34 岁的工人。

括号中报告的是标准差，* 表示 $p < 0.1$，** 表示 $p < 0.05$，*** 表示 $p < 0.01$。

2.4.3　各州平等法案对小型企业员工工作时间的影响

正如州级政策介绍所述，由于 ERISA，自我承保团体可以不受包括精神健康保险强制平等法案在内的所有州级法令的约束。因此，州平等法案不会像影响完全投保者一样影响自我承保团体；但是，公司实施自我承保的决定可能是州强制福利的内生因素。此外，本章数据不包含工人是否在自我承保公司工作的信息。因此，我们使用公司规模来代替公司的真实状态，来代表其自我承保的可能性：在雇员少于 500 人的公司中，只有大约 20% 的公司是自我承保的，而 80% 以上的拥有超过 500 名员工的大公司是自我承保的（MEPS - IC，2012）。当雇用员工超过 1000 名时，90% 的公司会选择自我承保。本章通过对不同规模的公司进行平等法案效应分析来研究州平等法案对小公司（少于 500 名员工）的影响①。

$$Y_{ist} = \alpha + \beta_1 Parity_{st-1} + \beta_2 Smallfirm_{ist} + \beta_3 Parity_{st-1} \times Smallfirm_{ist} + \beta_4 X$$
$$+ \gamma_j + \delta_t + \pi_j \cdot \delta_t + \gamma_j \cdot t + \epsilon \tag{2.5}$$

在这种情况下，若 j 州的工人 i 于 t 年在一家小公司工作，则 $Smallfirm_{ist} = 1$，否则为 0。β_3 是我们感兴趣的系数，如表 2 - 4 所示。正如预期的那样，州平等法案对小公司工人的每年工作周数的影响几乎是对更有可能自我承保的大公司工人的影响的两倍。第（2）列显示，小公司与大公司增加周数的均值相差 0.8%，平等法案对小公司的影响更大。模型中的协变量仍然与预期结果相符。

表 2 - 4　　　　　　　各州平等法案对小公司的影响（加权）

变量	（1） Log 小时数/周	（2） Log 周数/年	（3） 兼职	（4） 保险覆盖率
平等法案×小公司	0.003 （0.005）	0.008 ** （0.003）	0.001 （0.004）	0.013 （0.012）
平等法案	- 0.007 （0.005）	0.010 *** （0.003）	0.004 （0.004）	- 0.002 （0.010）
小公司	- 0.031 *** （0.002）	- 0.020 *** （0.002）	0.018 *** （0.001）	- 0.109 *** （0.007）

---

① 笔者还将规模在 500 ~ 1000 名员工的公司剔除，只使用式（2.6）比较员工少于 500 名的公司和多余 1000 名的公司，其估计结果非常相似。

续表

变量	（1） Log 小时数/周	（2） Log 周数/年	（3） 兼职	（4） 保险覆盖率
年龄	0.012 *** （0.001）	0.006 *** （0.001）	− 0.007 *** （0.001）	0.013 *** （0.001）
年龄的平方	− 0.000 *** （0.000）	− 0.000 *** （0.000）	0.000 *** （0.000）	− 0.000 *** （0.000）
男性	0.144 *** （0.005）	0.039 *** （0.002）	− 0.072 *** （0.003）	− 0.010 *** （0.003）
非白人	0.003 （0.004）	− 0.010 *** （0.002）	− 0.014 *** （0.003）	− 0.052 *** （0.008）
已婚	− 0.020 *** （0.003）	0.012 *** （0.003）	0.020 *** （0.002）	0.130 *** （0.003）
小于 5 岁的子女 数量	− 0.023 *** （0.002）	− 0.019 *** （0.002）	− 0.022 *** （0.002）	− 0.003 （0.003）
高中水平以下	− 0.030 *** （0.004）	− 0.019 *** （0.005）	− 0.015 *** （0.003）	− 0.213 *** （0.013）
高中水平	− 0.017 *** （0.003）	0.006 ** （0.002）	− 0.015 *** （0.002）	− 0.055 *** （0.005）
大学水平	− 0.021 *** （0.003）	0.003 * （0.002）	− 0.004 * （0.002）	− 0.025 *** （0.003）
工会成员	0.005 * （0.003）	0.016 *** （0.003）	0.015 *** （0.003）	0.106 *** （0.008）
样本数量	195534	195534	195534	195534

注：使用补充调查权重。样本为 1992~2010 年汇总的 CPS 3 月补充数据。观察对象仅限于私营部门 25~64 岁的工人。将小公司定义为拥有员工少于 500 名的公司。

括号中报告的是标准差，* 表示 $p < 0.1$，** 表示 $p < 0.05$，*** 表示 $p < 0.01$。

2.5 联邦精神健康保险强制平等法案的影响

2.5.1 数据和方法

本章的第二个目标是研究两个联邦精神健康保险强制平等法案（分别于 1998 年和 2010 年生效）对工作时间的影响。这两次立法为研究精神健康保险强制平等法案对工作时间的影响提供了另一个独特的机会，并进一步支持了上述有关州平等法案的实验结果。

根据 MHPA 的生效年份，我们将已在 1997 年前通过平等法案或强制提供法案的 5 个州作为对照州，因为已经实施的州平等法案比联邦法案更强，其医疗保险成本不会受到联邦平等法案的显著影响。而在 2001 年之前尚未颁布州平等法案的 28 个州成为实验州[①]。但是，其余 18 个州在 1997～2000 年间其州平等法案状态发生了变化，而该时间段包括了 MHPA 实施前后的时期。由于这些州平等法案的实施将会提供反事实趋势而无法用于研究 MHPA 的影响，我们将其从样本中删除。本章节使用 1997 年、1998 年（之前）以及 2000、2001 年（之后）的 CPS 3 月补充数据来研究较早的联邦平等法案[②]。

由于只有 5 个州能够作为对照州，且它们仅限于三个区域：新英格兰地区、南大西洋地区和西北中部地区。为了使实验州与这 5 个对照州更相似，故我们只保留了来自新英格兰地区、南大西洋地区和西北中部地区的 10 个实验州，剔除了其他实验州。我们设计了另一组用于比较 MHPA 前后状态的实验州与对照州。表 2-5 报告了 MHPA 研究期间两组实验州与对照州的变量描述性统计。实验州与对照州之间差别并不显著，仅有子女数量和教育水平存在很小的差异。

---

① 在尚未实施州平等法案的州中，有 86% 的员工少于 50 人的公司遵守了 1996 年的 MHPA，而 1996 年之前只有 55% 的公司遵守。根据 GAO（2000）的调查，没有雇主放弃提供医疗保险。

② 由于已有足够的年份数据来考察 MHPA 的影响，故没有使用 1999 年的数据。

表 2 - 5　　实验组与对照组的人口统计学特征：MHPA1996（加权）

变量	Panel A：所有地区		Panel B：特定地区	
	（1）实验州：28	（2）对照州：5	（3）实验州：10	（4）对照州：5
年龄	40.813 (10.122)	40.813 (10.057)	40.981 (10.239)	40.813 (10.057)
男性	0.530 (0.499)	0.522 (0.500)	0.524 (0.499)	0.522 (0.500)
非白人	0.149 (0.356)	0.152 (0.359)	0.154 (0.361)	0.152 (0.359)
已婚	0.636 (0.481)	0.651 (0.477)	0.625 (0.484)	0.651 (0.477)
小于 5 岁的子女数量	0.196 (0.496)	0.208 (0.509)	0.184 (0.478)	0.208 (0.509)
高中水平以下	0.115 (0.319)	0.079 (0.270)	0.121 (0.326)	0.079 (0.270)
高中水平	0.354 (0.478)	0.332 (0.471)	0.354 (0.478)	0.332 (0.471)
大学水平	0.281 (0.450)	0.280 (0.449)	0.276 (0.447)	0.280 (0.449)
学士学位及以上	0.250 (0.433)	0.309 (0.462)	0.249 (0.432)	0.309 (0.462)
样本数量	139670	15181	41091	15181

注：使用补充调查权重。括号内报告标准差。样本为 1997～2001 年汇总的 CPS 3 月补充数据。观察对象仅限于私营部门 25～64 岁的工人。特定区域为：新英格兰、南大西洋和西北中部。

与 MHPA 相比，联邦法律（MHPAEA）对精神健康医保平等提出了更高的要求。因此，它可能比之前的联邦法律更大幅度地影响劳动力市场[①]。此外，新"联邦实验"的一个优点是，在其颁布年（2008 年）之前，有超过一半的州已经通过了本州的平等法案或强制提供法案，之后没有任何

① 即使通过了州平等法案以及 MHPA，精神健康与生理健康的团体保险仍然存在差异。在 MHPAEA 之前，精神健康保障的覆盖通常有着更高的费用分摊（例如，共同保险的 50%，门诊医疗服务的 20%）和治疗限制（例如，每年 20 次门诊访问和 30 天住院）。因此，实施 MHPAEA 可以进一步消除这些历史差异，旨在创造全面的"精神健康平等"。

州的法律发生变化。因此，可以使用所有州数据来进行全国性的实验。在这种情况下，实验州是那些 2009 年之前还没有通过平等法案或强制提供法案的州，而对照州是在此之前已经通过州平等法案的州。MHPAEA 于 2010 年生效，因此，我们将 2009 年和 2010 年作为实施前期，2012 年和 2013 年作为实施后期。表 2 – 6 的 A 组中的第（1）和（2）列展示了 MHPAEA 的实验州和对照州的变量描述性统计，这两组的特征也较为相似：实验州的教育水平相对略低，非白人的比率则更高。

表 2 – 6　　实验组与对照组的变量描述性统计：MHPAEA2008（加权）

变量	Panel A：实验州与对照州		Panel B：仅对照州公司规模对比	
	（1） 实验州 （18）	（2） 对照州 （33）	（3） 大公司 （雇员数量 > 500）	（4） 小公司 （雇员数量 < 500）
年龄	42.740 （10.982）	42.578 （10.937）	42.720 （10.908）	42.469 （10.959）
男性	0.532 （0.499）	0.532 （0.499）	0.520 （0.500）	0.541 （0.498）
非白人	0.168 （0.374）	0.212 （0.409）	0.232 （0.422）	0.197 （0.398）
已婚	0.607 （0.488）	0.600 （0.490）	0.606 （0.489）	0.596 （0.491）
小于 5 岁的子女 数量	0.179 （0.482）	0.180 （0.477）	0.183 （0.481）	0.177 （0.475）
高中水平以下	0.100 （0.300）	0.095 （0.293）	0.058 （0.234）	0.123 （0.329）
高中水平	0.311 （0.463）	0.290 （0.454）	0.260 （0.439）	0.313 （0.464）
大学水平	0.298 （0.457）	0.281 （0.450）	0.291 （0.454）	0.274 （0.446）
学士学位及以上	0.291 （0.454）	0.334 （0.472）	0.391 （0.488）	0.290 （0.454）
样本数量	104638	202912	87275	115637

注：使用补充调查权重。括号内报告标准差。样本为 2009～2013 年汇总的 CPS 3 月补充数据。观察对象仅限于私营部门 25～64 岁的工人。

MHPA 和 MHPAEA 对工作时间的影响均可通过以下方程进行估计：

$$Y_{ist} = \alpha + \beta_1 Experiment_s \times Post_t + \beta_2 X + \gamma_j + \delta_t + \pi_j \cdot \delta_t + \epsilon \qquad (2.6)$$

在式（2.6）中，如果该州是实验州，则 $Experiment_s = 1$，否则为 0。$Post_t$ 是法案实施后时期的虚拟变量（若为联邦法案实施后，取 1；实施前则取 0）。除了个人层面的控制变量，方程还包括各州固定效应、年份固定效应以及区域—年份效应。β_1 可估计出联邦平等法案颁布后数年内实验州特定结果的变化，这是对联邦平等法案导致的医保成本向工作时间转移程度的双重差分估计。其因果关系有效识别的潜在假设是，如果没有联邦平等法案，那么在实施后时期，工作时间及其他劳动力市场结果在实验州和对照州的趋势应该是类似的。相关的假设和稳健性检验将在第 2.7 节中提供。

如上所述，联邦平等法案填补了 ERISA 的监管空白。与各州精神健康保险强制平等法案不同，如果自我承保公司提供有歧视的精神健康保险，那么联邦平等法案可以强制规范自我承保公司的行为。但是，分开估计实验州内完全投保和自我承保公司收到的影响是不可行的，因为这两类公司会同时受到联邦平等法案的影响。然而，在 2009 年之前已经实施州精神健康保险强制平等法案的 33 个对照州中，MHPAEA 对自我承保公司会产生更大的影响。将样本限制在对照州，使用大公司（拥有超过 500 名员工，更有可能是自我承保公司）作为处理组，其他公司作为对照组，通过双重差分估计来研究 MHPAEA 的影响[①]。表 2-6 的 B 组中第（3）和第（4）列报告了大公司和小公司的人口特征[②]。回归方程具有以下形式：

$$Y_{ist} = \alpha + \beta_1 Largefirm_{ist} + \beta_2 Largefirm_{ist} \times Post_t + \beta_3 X$$
$$+ \gamma_j + \delta_t + \pi_j \cdot \delta_t + \epsilon \qquad (2.7)$$

在式（2.7）中，若 j 州的工人 i 于 t 年在一家大公司工作，则 $Largefirm_{ist} = 1$，否则为 0。关键变量 β_2 度量了 MHPAEA 对自我承保公司员工的工作时间的影响。该回归的剩余部分与式（2.6）类似。

---

① 作者还将 500~1000 名员工的公司剔除，只比较拥有 1000 多名员工的公司和拥有员工少于 500 名的公司。关键变量的估计量与表 2-9 中报告的结果相似。

② 类似的方法也可用于"MHPA 实验"，以确定早期联邦法律对自我承保公司的影响。但"MHPA 实验"中只有 5 个非实验州，大公司和小公司之间劳动力市场结果的前期趋势并不十分相似。因此，本节中并未报告其结果。

2.5.2　1996 年联邦精神健康保险强制平等法案的影响

表 2-7 中的 A 部分报告了在比较所有区域中的 28 个实验州和 5 个对照州时式 (2.6) 中关键变量的估计结果。第 (1) 至第 (4) 列中不显著的交互项系数表明，MHPA (1996 年联邦平等法案) 并没有显著改变这些劳动力市场结果。此外，我们还使用另一种分组重新估计了 MHPA 的影响。样本所在的 10 个州仅限于原本的 5 个对照州所在的三个区域中。结果显示在表 2-7 的 B 部分中，仍然表明 MHPA 对工作时间几乎没有影响。

表 2-7　　　　MHPA1996 对工作时间和覆盖率的影响（加权）

变量	(1) Log 小时数/周	(2) Log 周数/年	(3) 兼职	(4) 保险覆盖率
Panel A：所有地区				
实验州 × 法案 实施后	-0.000 (0.007)	-0.006 (0.006)	0.003 (0.005)	0.013 (0.017)
N	27575	27575	27575	27575
Panel B：特定地区				
实验州 × 法案 实施后	-0.000 (0.007)	-0.005 (0.006)	0.002 (0.005)	0.012 (0.017)
样本数量	10517	10517	10517	10517

注：两个回归模型都包括以下控制变量、公司规模（5 个虚拟变量）、行业（11 个虚拟变量）、职业（6 个虚拟变量）、年度虚拟变量、州虚拟变量和区域—年度虚拟变量。省略的教育类别是"学士或更高学位"。省略的公司规模类别是"超过 1000 名员工"。括号中报告的是标准差。

MHPA 对工作时间影响较小的原因可能有如下两个。首先，与州平等法案相比，MHPA 是一个相对较弱的联邦平等法案，其强制性福利的要求可能不会对现有的团体医保计划具有约束力，特别是对大公司而言。在这种情况下，MHPA 实施后，提供团体医疗保险的成本可能不会大幅增加。其次，作为一项重大的象征性成就，MHPA 确实促使了州立法机构采取更全面的平等法案。但其缺点在于，数项州平等法案在 MHPA 被批准和生效的期间（1997～2001 年）中推行。为了排除这些反事实因素，必须将这些州从研究中剔除，因此实证分析中损失了许多观察对象。但 2008 年颁布的 MHPAEA 可以解决这个问题，相关结果如下。

2.5.3 2008 年联邦精神健康和药物依赖强制平等法案的影响

对 2008 年联邦法案 MHPAEA 影响的研究，可以使用与 MHPA 的实证研究中相同的双重差分框架，只需重新选择实验州、对照州以及实施前后时期，结果显示在表 2 - 8 中。有证据表明，MHPAEA 使得每年工作周数增加。在第（2）列中，MHPAEA 联邦法案使工作周数增加了 1.7%，并在 99% 的水平上显著。其增加幅度与各州精神健康保险强制平等法案的影响非常相似。但是，对于每周工作小时数、兼职可能性以及以自己名义拥有团体保险的概率，仍然没有显著影响[1]。总体而言，如果 MHPAEA 对工作时间的影响得到了正确的估计，那么 2008 年的联邦法案 MHPAEA 力度比 MHPA 强。因此，它使成本上升得更多，使劳动力供给的变化更大。所以，MHPAEA 实验结果能够支撑之前的州平等法案的结果，精神健康保险强制平等法案确实增加了工作周数。

表 2 - 8   MHPAEA2008 对工作时间和覆盖率的影响（加权）

变量	（1） Log 小时数/周	（2） Log 周数/年	（3） 兼职	（4） 保险覆盖率
实验州×法案 实施后	0.007 (0.007)	0.017*** (0.004)	- 0.007 (0.005)	0.015 (0.010)
样本数量	36162	36162	36162	36162

注：两个回归模型都包括个体层面特征、公司规模（5 个虚拟变量）、行业（11 个虚拟变量）、职业（6 个虚拟变量）、年度虚拟变量、州虚拟变量和区域—年度虚拟变量。省略的教育类别是"学士或更高学位"。省略的公司规模类别是"超过 1000 名员工"。

括号中报告的是标准差。* 表示 $p < 0.1$，** 表示 $p < 0.05$，*** 表示 $p < 0.01$。

---

[1] 为使结果更准确，本章在两个联邦法影响研究中都使用了在自己名下的保险。

式（2.7）中的关键变量的估计结果如表 2 - 9 所示。与小公司相比，估计结果显示 MHPAEA 对大公司的工作时间没有显著影响。这种不显著的影响可能是因为即使没有平等法案，大公司提供的医保计划也已经对精神健康保障实施了较为全面的覆盖，那么这项联邦强制法案对大公司则没有约束力，其医保计划福利及其慷慨性不需要因为 MHPAEA 的要求而重新设计。

表 2 - 9 MHPAEA2008 对大公司的影响（加权）

变量	（1） Log 小时数/周	（2） Log 周数/年	（3） 兼职	（4） 保险覆盖率
大公司×法案 实施后	0.007 （0.0012）	－ 0.013 （0.008）	－ 0.002 （0.010）	0.015 （0.012）
样本数量	23752	23752	23752	23752

注：样本限制为"MHPAEA 实验"中的 33 个对照州。大公司定义为拥有超过 500 名员工的公司。括号内报告的是标准差。

2.6 稳健性检验

2.6.1 精神健康保险强制平等法案对就业的影响

在上述计量分析中我们将样本限制为那些有工作的人，是因为他们是直接受到平等法案影响的群体。然而，如果精神健康保险强制平等法案也显著改变了就业情况，那么估计结果可能是有偏的。如先前文献综述中所讨论的，如果员工重视精神健康保险，则劳动力供给可能会增加。另外，雇主可能减少对医保覆盖的全职工人的劳动需求，同时更加依赖兼职工人来避免更高的固定成本。因此，精神健康保险强制平等法案对就业均衡的影响尚不确定。鉴于存在这种潜在的样本选择问题，下面我们运用与上述类似的回归框架考察州和联邦精神健康保险强制平等法案是否会对就业和劳动参与产生影响。各州精神健康保险强制平等法案、MHPA 联邦法案（两组实验州）以及 MHPAEA 联邦法案的结果分别在表 2 - 10 和表 2 - 11 中列出。没有证据表明平等法案对就业或劳动参与有显著影响。同时，我们使用散点图绘制了就业和劳动参与的事前趋势，结果表明在 MHPA 和 MH-PAEA 实施前后，实验州和非实验州都具有大致相似的趋势（参见附录图 A1 ~ 图 A3）。

表 2 - 10　　　　各州平等法案对就业和劳动参与的影响（加权）

变量	（1） 就业	（2） 劳动参与
平等法案	0. 003 (0. 002)	- 0. 001 (0. 001)
年龄	0. 004 *** (0. 000)	0. 003 *** (0. 000)
年龄的平方	- 0. 000 *** (0. 000)	- 0. 000 *** (0. 000)
男性	0. 008 *** (0. 002)	0. 007 *** (0. 000)
非白人	- 0. 026 *** (0. 002)	- 0. 002 *** (0. 000)
已婚	0. 030 *** (0. 001)	0. 001 ** (0. 000)
小于 5 岁的子女数量	- 0. 006 *** (0. 001)	- 0. 003 *** (0. 000)
高中水平以下	- 0. 050 *** (0. 003)	- 0. 005 *** (0. 001)
高中水平	- 0. 015 *** (0. 001)	- 0. 001 *** (0. 000)
大学水平	- 0. 009 *** (0. 000)	- 0. 001 *** (0. 000)
样本数量	1392406	1392406
均方差	0. 752	0. 793

表 2 – 11　　　　联邦平等法案对就业和劳动参与的影响（加权）

变量	MHPA：所有地区		MHPA：限制地区		MHPAEA	
	（1）就业	（2）劳动参与	（3）就业	（4）劳动参与	（5）就业	（6）劳动参与
实验州×法案实施后	– 0.001 (0.005)	0.001 (0.002)	– 0.001 (0.006)	0.001 (0.002)	0.004 (0.003)	– 0.000 (0.001)
年龄	0.004 *** (0.001)	0.003 *** (0.000)	0.004 *** (0.000)	0.003 *** (0.001)	0.004 *** (0.000)	0.002 *** (0.000)
年龄的平方	– 0.000 *** (0.000)	– 0.000 *** (0.000)	– 0.000 *** (0.000)	– 0.000 *** (0.000)	– 0.000 *** (0.000)	– 0.000 *** (0.000)
男性	0.007 *** (0.001)	0.006 *** (0.001)	0.006 ** (0.002)	0.005 *** (0.001)	0.002 (0.003)	0.004 *** (0.000)
非白人	– 0.023 *** (0.003)	– 0.003 *** (0.001)	– 0.021 *** (0.006)	– 0.002 ** (0.001)	– 0.031 *** (0.002)	– 0.001 ** (0.000)
已婚	0.021 *** (0.002)	0.001 (0.001)	0.017 *** (0.002)	– 0.001 (0.001)	0.043 *** (0.002)	0.001 ** (0.000)
小于 5 岁的子女数量	– 0.004 ** (0.002)	– 0.003 *** (0.0006)	– 0.002 (0.002)	– 0.003 ** (0.001)	– 0.005 *** (0.001)	– 0.002 *** (0.0003)
高中水平以下	– 0.039 *** (0.003)	– 0.004 ** (0.002)	– 0.032 *** (0.003)	– 0.007 ** (0.003)	– 0.062 *** (0.005)	– 0.003 *** (0.001)
高中水平	– 0.010 *** (0.002)	– 0.001 ** (0.001)	– 0.007 *** (0.001)	– 0.001 (0.001)	– 0.029 *** (0.002)	– 0.001 ** (0.000)
大学水平	– 0.005 *** (0.001)	– 0.000 (0.001)	– 0.007 *** (0.002)	– 0.001 (0.001)	– 0.018 *** (0.001)	– 0.001 *** (0.001)
样本数量	206419	206419	75799	75799	421183	421183
均方差	0.773	0.803	0.791	0.817	0.717	0.779

注：所有回归模型都包括以下额外变量：行业（11 个虚拟变量）、职业（6 个虚拟变量）、年度虚拟变量、州虚拟变量、区域—年份虚拟变量。省略的教育类别是"学士或更高学位"。

括号中报告的是标准差。* 表示 $p < 0.1$，** 表示 $p < 0.05$，*** 表示 $p < 0.01$。

2.6.2 因果识别假设检验

在考虑联邦平等法案对工作时间的影响的因果识别策略时，我们是基于一个基础假设：在没有联邦平等法案的情况下，我们考察的劳动力市场表现在政策实施后期会有相似的时间趋势。本节旨在通过比较 1996 年和 2008 年联邦法律实施前后几个劳动力表现的时间趋势来验证这一假设。

图 2-1 比较了实施 MHPA 前后实验州与对照州的四个劳动力市场结果的趋势（使用实际有效年份的滞后一年来为行为调整提供更长的时间）。A 部分至 D 部分报告了四个感兴趣的劳动力市场结果：每周工作小时数、去年工作周数、兼职工人的百分比和本人名下团体医疗保险覆盖率。1999 年之前两组州的趋势较为混乱，1999 年之后的任何结果都没有实质性的增加或减少。图 2-2 提供了特定区域中实验州和对照州的比较，其结果与所有区域的结果相似。根据图 2-2 和图 2-3，MHPA 是否影响这些劳动力市场结果尚无定论，这与之前的计量回归结果一致。

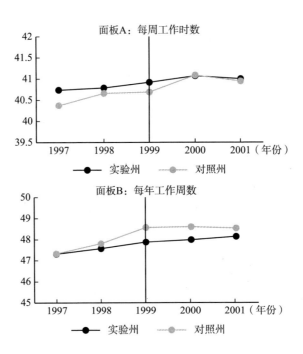

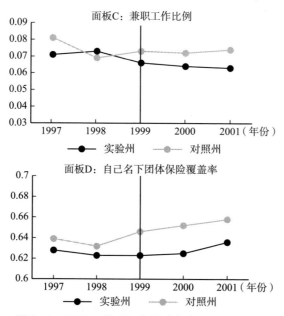

图 2-1　MHPA 前后四个劳动力市场结果的趋势

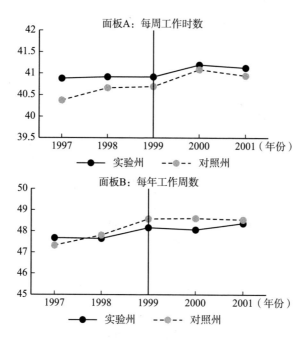

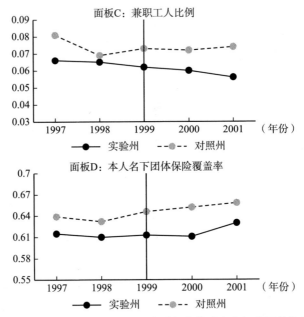

图2-2　特定区域中 MHPA 前后四个劳动力市场结果的趋势

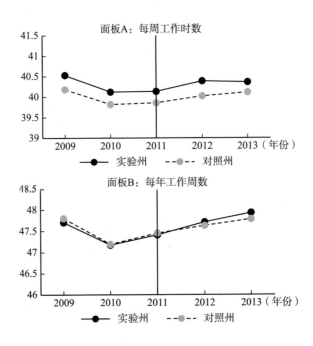

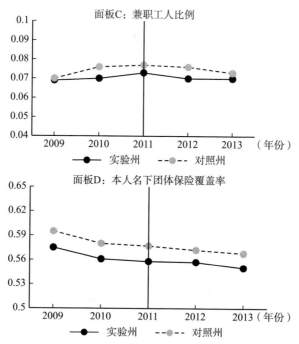

图 2-3　MHPAEA 前后四个劳动力市场结果的趋势

　　MHPAEA 为双重差分模型的估计提供了更合理的实验州和对照州分组。回归结果显示该联邦平等法案使实验州的工作周数增加。图 2-3 描绘了 MHPAEA 的事前趋势，发现 MHPAEA 实施之前每个结果的趋势都非常相似，但在实施不久后，实验州相比对照州而言，呈现出了轻微的增加趋势。因此，增加的工作周数来自之前的时间趋势这一可能性较小。

　　除了实验州和对照州前后趋势的比较外，本节还绘制了对照州的大公司（员工数量多于 500 名）和小公司（员工数量少于 500 名）的前后趋势。图 2-4 表明，2009～2013 年期间，大公司和小公司的所有四个劳动力市场结果在 MHPAEA 实施前后都呈现出大致相似的趋势。MHPAEA 的影响并没有使结果产生显著变化，这也与回归结果一致。

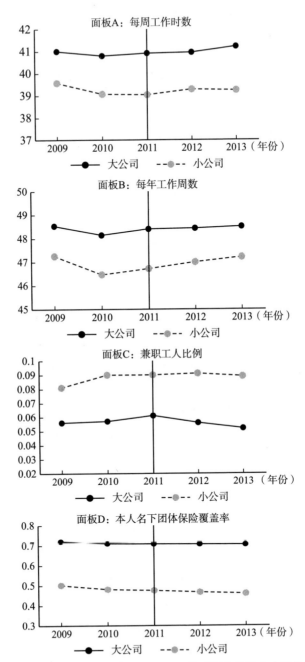

图2-4 对照州大公司与小公司 MHPAEA 前后四个劳动力市场结果的趋势

2.7 关于影响机制的讨论

本节将会重新讨论精神健康保险强制平等法案对工作时间产生因果影响的作用机制。回想一下，总的影响来自劳动供给侧和劳动需求侧。实施平等法案所带来的医疗保险成本增加可能会减少劳动需求，并且当成本无法完全转移到工资时，雇主有动机要求工人工作更长时间。另外，如果员工想从新实施的福利中获利，其劳动供给的广延边际和集约边际都可能增加。特别值得注意的是，劳动供给和劳动需求的第一层效应并非全部，如果精神健康保险强制平等法案可以改善工人的精神健康状态，那么工人有能力工作更长时间。但由于数据限制，本章对精神健康保险强制平等法案影响的估计并不能从数据上识别工作周数增加最重要的机制。

从理论上讲，虽然增加精神健康保险覆盖率是提高精神健康保障利用和改善精神健康状态的必要前提条件，但福利覆盖的扩张不一定会有效转化为服务利用的提高和健康状况的改善。大多数文献都没有找到关于平等法案对精神健康保障利用或精神健康状态影响的实质性证据，特别是早期平等法案[①]。我们的结果显示，无论精神健康结果是否得到改善，州和联邦实验都显示出对工作周数的相似的积极影响。因此，如果缺乏关于精神健康保险强制平等法案对健康服务利用和精神健康影响的证据，那么工人因为与平等法案导致的精神健康状况变好而增加工作时间的可能性很小。

此外，精神健康被发现可促进就业，但对工作时间却没有显著影响（Ettner et al.，1997）。即使员工因平等法案的实施获得了更好的精神健康保障服务利用和精神健康状态，但他们的工作时间可能不会增加。其中一种可能的解释是，更好的医疗可及性可能使参保人员会花费更多时间进行心理治疗，或对心理学家进行访问，从而减少工作时间。为了尽可能地验证这些机制，我们将对大都市和农村地区的影响分别进行分析。大都市通

[①] 有关平等法案对精神健康保障可及性和精神健康状况影响现有文献的更多详细信息，请参阅第 2.3 节。

常拥有高度的经济发展水平和社会互动，当然还有更多的精神健康服务，例如社区精神保健中心、社区精神病院以及州立精神病医院①。农村地区则拥有较少的人均精神健康专业人员（Ellis，Konrad，Thomas and Morrissey，2009）。如果增加工作周数的原因是更好的精神健康状态，那么拥有更多精神健康服务的地区应当更有可能受到平等法案的影响②。表 2 - 12 报告了结果，平等法案对大都市和农村地区的影响没有显著的差别。因此，平等法案增加工作时间极大可能是因为医疗保险成本的增加或劳动力供给曲线向外移动，而不是由于精神健康状态的改善。至少对于一般人群而言，该结果不能作为平等法案正向收益的证据。

表 2 - 12　　　　　　　　平等法案对大都市地区的影响（加权）

变量	（1） Log 时数/周	（2） Log 周数/年	（3） 兼职	（4） 保险覆盖率
平等法案	− 0.001 （0.006）	0.011 * （0.006）	0.005 （0.005）	0.006 （0.011）
大都市地区 × 平等法案	− 0.005 （0.006）	0.004 （0.005）	− 0.0007 （0.004）	− 0.002 （0.010）
大都市地区	0.001 （0.003）	0.005 （0.005）	0.0005 （0.003）	0.021 *** （0.005）
样本数量	195534	195534	195534	195534

注：大都市区域包括中心城市、中心城市外围和状态未知的中心城市。
括号中报告的是标准差。＊表示 $p < 0.1$，＊＊表示 $p < 0.05$，＊＊＊表示 $p < 0.01$。

2.8　结论

本章研究发现精神健康保险强制平等法案的实施确实增加了劳动力供给集约边际——工作周数。在验证因果识别假设的基础上，本章对州和美

①　这些是精神疾病患者可以获得医疗支持的主要来源。
②　之前平等法案和公司规模的交互项的结果也可能意味着相似的结论。因为大公司的医保计划往往有更多的精神健康服务，但平等法案对小企业的影响仍然更大。

国联邦平等法案影响的研究结果在各项法案的不同设定的情况下都十分稳健。首先，在 1992～2010 年期间，州立法机构在精神健康平等强制管理方面的发展为我们的实证研究提供了丰富的州—年度政策变化。其次，1998年生效的 MHPA 和 2010 年生效的 MHPAEA 提供了"反向实验"的机会。通过比较在联邦法实施前已经通过州平等法案的州和尚未通过的州，可以考察联邦平等法案的影响，还能为州平等法案的研究结果提供进一步的支持。最后，自我承保公司（大多数大公司）不受州强制法规的制约，而联邦平等法案则解决了由 ERISA 带来的监管缺口。因此，本章还通过增加平等法案和公司规模的交互项来分别估计州平等法案对小公司的影响以及联邦平等法案对大公司的影响。

估计结果表明，由于州精神健康保险强制平等法案和联邦精神健康保险强制平等法案 MHPAEA 的实施，每年工作周数显著增加。与自我承保公司相比，州精神健康保险强制平等法案对完全保险公司的影响更为显著。尽管没有证据表明精神健康保险强制平等法案会显著影响全样本的工作时数，但它减少了 35～44 岁工人的工作时数，同时增加了他们兼职工作的可能性。这些结果支持这样的惯例认知：要求精神健康和生理健康的平等覆盖会增加提供团体保险的固定成本，受平等法案影响的雇主更有可能要求其工人工作更长时间来补偿上升的固定成本。此外，工人重视这些福利，并希望延长工作时间以享受新福利的益处。

这些对精神健康保险强制平等法案的研究结果对涵盖未保险群体以及实施强制综合福利政策有着启示作用。在全面实施患者保护和平价医疗法案（PPACA）后，联邦平等法案 MHPAEA 仍然有效。PPACA 这项新的医疗改革由国会通过，并于 2010 年由巴拉克·奥巴马总统签署成为法律，实施 PPACA 将进一步扩大 MHPAEA 的适用范围①。根据我们对联邦平等法案的研究，可以从精神健康保险的角度对未来 PPACA 的影响进行预测。因为 PPACA 可以被视为最为全面的保险覆盖强制法案，而遵守 PPACA 势必会增加雇用参保员工的固定成本，使企业要求员工工作更长时间。因此，

---

① PPACA 将 MHPAEA 的范围扩大到三种主要计划类型：私人团体保险计划、公共医保计划、个人医保计划。

它可能比其他类型的单一强制福利更大幅度地影响劳动力市场结果。

最后，本章分析仅涉及劳动参与的集约边际，目的并不是全面研究精神健康保险强制平等法案的影响范围及程度。本章专注于这样的假设：当雇主面临更高的固定雇用成本并且员工重视他们的健康福利时，员工的工作时间会更长。本章的分析结果发现了卡特勒和马德里安（Cutler and Madrian，1998）中的类似效应，不同的是他们关注的是工作时数，而本章只找到了工作周数的证据。这是由于他们的样本是全年度全职工作的工人，而本章的研究包括了所有类型的工人。此外，本章只评估了精神健康保险强制平等法案对出资方和效率成本的影响，而不是这些法规的潜在收益。精神健康保险强制平等法案的福利和成本分析仍然是未来政策研究需要关注的话题。

公共医疗保险扩张对儿童精神和行为健康的影响及其性别差异研究

3.1 研究意义和背景

许多儿童和青少年都面临着精神健康方面的挑战，这些挑战会影响他们的正常功能和健康发展。据相关机构估计，有 13% ~ 20% 的儿童会在某一年内患有精神疾病（美国疾病控制和预防中心，2013）。13 ~ 18 岁的人群发病率更高，21.4% 的人患有严重的精神、行为或情绪障碍（美国全国精神疾病联盟，2015）[①]。儿童精神疾病是一个重要的公共健康问题，如果不加以治疗，可能会导致儿童自身、家庭和社区的福利恶化。其最严重的潜在后果是自杀，自杀是 2010 年 12 ~ 17 岁儿童死亡的第二大原因（美国疾病控制和预防中心，2013）。儿童精神疾病也按性别呈现出不同的模式。例如，男孩比女孩更容易被诊断患有注意力缺陷/多动症（ADHD），而女孩更容易患抑郁症或酗酒症。但根据美国疾病控制和预防中心的报告（2013），12 ~ 17 岁的青少年中，男孩自杀的可能性比女孩更高。

不幸的是，由于精神健康保障服务的缺乏，以及对使用精神健康医疗服务的意识缺乏或是由于害怕被贴上患有精神疾病标签带来的耻辱感，只

---

① 有关精神疾病患病率的更多信息，请参考：http：//www.nimh.nih.gov/health/statistics/prevalence/any-disorder-among-children.shtml。

有少数儿童得到了恰当的精神健康保障服务。有许多证据表明适当的治疗可以成功地提升儿童的精神健康（美国心理学会，2008），而增加获得医疗服务的机会有可能显著改善儿童以及他们成年后的精神状态。如果及早发现，早期的干预可以对未来精神疾病的治愈产生巨大的影响（美国国家精神卫生研究所，2009），解决青少年时期的精神健康问题也可以减少年轻人的危险行为（Kim‒Cohen et al.，2003）。那么医疗保健系统，尤其是公共保险是否可以有效解决儿童精神健康问题就显得尤为重要，因为贫困儿童比非贫困儿童更容易面临精神健康方面的问题（Frank and Gertler，1989；Costello et al.，2003）。

近年来，通过制定私人健康保险中的精神健康强制要求，以及包括综合精神健康覆盖的公共健康保险的扩张，获得精神健康保障的机会有所增加。作为美国儿童精神健康服务的最大支付者，医疗补助计划在确保儿童获得精神健康服务方面发挥着关键作用（美国全国精神疾病联盟，2013年）。1997年实施的美国州立儿童健康保险计划（the State Children's Health Insurance Programa，SCHIP）旨在帮助家庭收入略高于传统医疗补助限额，但依然较为贫困的儿童，与此同时，许多州也扩大了传统的儿童医疗补助计划的范围。在20世纪末和21世纪初，这两个计划都在不同州扩大了保险资格的范围。同一时期，美国各州还实行了精神健康强制平等法案，要求私营保险公司提供与生理健康服务相同水平的精神健康保障服务。在第一个州级平等法律（1991年颁布）之前，近70%的雇主赞助保险计划对精神健康保障施加比生理健康保障更严格的限制[①]。

这些强制法案导致私人健康保险同时发生两项变化：它变得更加可取，也更加昂贵。私人医疗保险的这些变化可能会对公共医疗保险产生一些溢出效应（Li and Ye，2017）。虽然这两者通常不会被一起考察，但本章认为，要正确理解公共保险扩张的影响，必须考虑平等法案对进出公共保险覆盖的动机的影响（理论上是模糊不清的）。

了解公共健康保险扩张对儿童精神健康的影响对于未来的政策制定至

---

① 这些更严格的限制包括较低的年度或终生美元限额，较少的住院和门诊服务、诊室就医、紧急护理和处方药，或更高的免赔额、共付额和共同保险（美国总审计局，2000；Henry J. Kaiser Family Foundation，2002）。

关重要，特别是国会推迟了对 SCHIP 的重新授权，并考虑取消平价医疗法案规定的一些"基本福利"（包括精神健康福利）[①]。以前关于此类政策的精神健康结果的大多数文献仅考察了成年人群体，而以前关于这些政策的儿童健康结果的文献则大多关注生理健康和医疗服务可及性。本章的一个重要贡献是笔者关注了儿童的精神健康结果，因为公共健康保险在满足精神健康需求方面的有效性对儿童而言可能比对成年人更重要。本章对公共健康保险扩张对男孩和女孩的潜在影响的考察也可以帮助理解保险扩张对两组人群可能的改善机制。

本章旨在建立一系列可能的因果关系，每一个都潜在地取决于最后一个：如果医疗补助的扩张最终会改善精神健康，那么他们会首先参与医疗补助，然后利用精神健康服务，最后通过这些服务改善精神健康状况。本章依次评估了这些途径的有效性，这意味着本章借鉴了几类文献，每一类都更加侧重于其中某一个因果路径的建立。本章将这些文献结合起来，研究儿童医疗补助资格的扩张（结合了包含接近贫困线家庭的儿童在内的州立儿童健康保险计划的引入和扩张），是否改善了精神健康服务的利用率，并且最终提高了儿童的精神健康和行为的结果。本章还考虑了结果改善的其他可能途径，这些途径不依赖于医疗服务的利用，例如家庭收入压力减少或父母结果改善作为保险资格扩张的直接结果。重要的是，本章按性别考察这些动态变化，并考虑同一时期各州私人保险精神健康强制法案变化的潜在作用，使医疗补助计划的效果根据各州政策环境而变化。

本章的研究利用 NSAF（1997 年、1999 年和 2002 年的截面数据）调查医疗补助计划/SCHIP 扩张对儿童保险覆盖、精神健康保障利用和精神健康结果的影响。NSAF 具有适当权重和全国代表性，但主要在 13 个州收集数据（城市研究所"评估新联邦制"（ANF）项目的重点州）。本章在整个分析过程中关注 ANF 样本，但也使用完整样本进行重复分析。使用 NSAF 的优势在于它提供了关于儿童健康保险覆盖状况和精神健康服务使用情况的关键信息，以及儿童行为问题"指数得分"中儿童精神和行为健康状况

---

① 例如，2017 年 5 月美国众议院通过的"医疗保健法"（AHCA）包括允许各州放弃某些基本福利的条款，包括精神健康保障和药物滥用治疗。

的丰富的测量结果。该分数反映了儿童关于日常情绪和行为问题的反应，如情绪低落、与其他孩子相处困难或睡眠问题。虽然这些测量并非专业诊断，但它们确实有效地代表了儿童精神障碍的一些典型症状[①]。

本章的研究结果提供了医疗补助计划/SCHIP 阈值提高对健康保险覆盖、健康保险利用和精神健康结果的估计效应，并根据州和年份的不同年龄组的医疗补助计划/SCHIP 资格阈值的变化来进行识别。研究发现，这些扩张导致儿童的医疗补助计划/SCHIP 参与人口增加，特别是家庭收入低于 300% 联邦贫困线（the Federal Porerty Line，FPL）的人群。FPL 的资格阈值 100% 的提高，例如从 100% FPL 上升到 200% FPL，与医疗补助计划/SCHIP 相对于基线增加 15% ~ 20% 相关。这些增长在不同性别上有所不同：虽然男孩和女孩的公共保险覆盖率都有相似的增长，但据估计，从私人保险中挤出的女孩更多，导致保险没有明显的净收益，而男孩的估计增幅很小（$P = 0.11$）。此外，精神健康平等法案的实施与公共保险扩张的影响相互作用：医疗补助计划/SCHIP 覆盖率的增加主要发生在没有精神健康平等法案的州，甚至估计的平等法案州的小幅增长似乎也只能反映私人保险的挤出情况（与私人保险变得更加昂贵这一事实是相符的）。

本章的研究结果证实，这些覆盖范围的变化会产生一些影响，特别是将性别及各州平等法案状况纳入考虑时。在证实了文献的发现——SCHIP 引起基础预防及保健儿童门诊次数增加后，本章探讨了精神健康的利用和结果。本章首先发现了精神健康就诊次数的增加。对于女孩来说，基础预防及保健儿童门诊次数的增加伴随着精神健康专家就诊次数的减少（若有的话），而对于男孩来说，精神健康就诊次数反而增加了。男孩的就诊次数的增加伴随着他们精神和行为健康指数的增加。尽管没有找到平等法案影响 SCHIP 与精神和行为健康结果之间关系的证据，但本章的研究发现，平等法案可能会抑制 SCHIP 对基础预防及保健儿童门诊次数的积极影响，并将 SCHIP 对精神健康就诊的整体影响从零转为负。

---

① 有关这些症状的更多信息，请参考 https：//www.cdc.gov/childrensmentalhealth/basics.html。

3.2 联邦医疗补助/州政府儿童医疗保险扩张、精神健康平等法案与儿童精神健康保障

作为美国最重要的公共健康保障项目之一，医疗补助计划对资源有限的家庭和个人的精神健康保障服务的获得产生了巨大影响。自 20 世纪 80 年代以来，美国医疗补助计划已经扩大了精神健康保障的范围，并为广泛的精神健康服务支付费用，它是全国精神健康服务公共基金的最重要来源：46% 的由州控制的精神健康服务基金来自 2008 年的医疗补助计划（美国全国精神疾病联盟，2013）。值得注意的是，医疗补助计划中的儿童可以获得比大多数私人保险计划提供的更全面的精神健康保险（至少在私人保险进行改良之前时期的早期）。除了慷慨的强制性福利（住院护理和门诊护理）和可选福利（处方药和康复治疗），州医疗补助计划还根据 1989 年"综合预算调整法案"的规定提供早期和定期筛查、诊断和治疗。

医疗补助计划一直在经历较大幅度的扩张。首先，根据 1996 年的福利改革，医疗补助计划的资格与现金援助资格（对有子女家庭补助计划，或 AFDC）脱钩。其次，在 1997 年美国推出了州立儿童健康保险计划，扩大了儿童的参保资格。通过提高收入资格阈值，特别是对于受联邦资格强制保护最少的年龄较大的儿童，自 1965 年医疗补助计划颁布以来，SCHIP 被广泛认为是纳税人资助的儿童健康保险覆盖范围的最大扩张。

SCHIP 是一项联邦—州的联合计划，可以作为医疗补助计划的扩展、新的单独的健康保险计划或两者兼而有之。各州在设计资格标准和具体计划特征方面具有灵活性。在 SCHIP 颁布之前，大多数州都在联邦政府强制的底线上享有资格，对于 6 岁以下的儿童将医保资格设定为 FPL 的 133%，对于年龄较大的儿童则设定为 100% FPL。然而，至 2002 年，超过一半的州通过医疗补助计划的扩张或 SCHIP，迅速提高所有 18 岁以下儿童的资格至达到或超过 200% FPL，本章所收集的这些政策数据均来自公开的来源[①]。

---

① 收集自凯撒基金会和州计划修正案。有关详细信息请参阅 Hamersma and Kim（2013）。

在同一时期，一些州引入了精神健康强制平等法案。虽然在全国范围内实施了各种其他的精神健康强制法规（例如强制提供、无强制精神健康规定和强制最低福利），但平等法案的效力最强，并且已被证明其对更大的健康保障市场产生影响（美国平价健康保险理事会，2009；Lang，2013；Andersen，2015；Li and Ye，2017）。这些法律强制规定对精神和生理健康进行平等的保险覆盖，并禁止保险公司提供对精神疾病提出更高财务要求或治疗限制的保险计划。在本章的样本期间，16个州引入了精神健康平等法案，4个州已经实施了这些法案。有关平等法案的各州实施情况可参见第2章①。由于平等法案改变了公共和私人保险的相对成本，本章将通过阈值变量与具有平等法案的指标的相互作用来估计公共健康保险的扩张对平等法案州和非平等法案州的单独影响。

3.3   文献综述

帮助本章展开分析的第一批文献回答了研究问题："医疗补助计划的扩张是否增加公共健康的覆盖率？"大量的证据表明，医疗补助计划的早期扩张（20世纪80年代末至90年代初）导致了儿童和成人的医疗补助计划参与率增加（Cutler and Gruber，1996；Dubay and Kenney，1996；Shore - Sheppard，2000；Yazici and Kaestner，2000；Card and Shore - Sheppard，2004；Ham and Shore - Sheppard，2005）。一些研究发现了重大且显著的保险购买效应和挤出效应，另一些研究则显示出微小且不显著的挤出效应。通过 SCHIP 进行的最近的医疗补助计划扩张也增加了公共健康保险的覆盖，特别是对于贫困线以上的儿童和年龄较大的儿童（Zuckerman et al.，2001；Rosenbach et al.，2001；Dubay and Kenney，2003；Lo Sasso and Buchmueller，2004；Gruber and Simon，2008）。然而，这种新的保险覆盖从私人保险中挤出的程度可能因私人保险的质量和成本的不同而不同，这

---

①   州级的法律法规收集来源如下：药物滥用及精神健康服务管理局（SAMHSA）、卫生与公共服务部的精神健康服务中心（CMHS）、精神疾病联盟（NAMI）、全国州议会会议（NCSL）、蓝十字和蓝盾协会（BCBSA）和具体的州立法规。更多细节可以在 Li and Ye（2017）中找到。

些因素受到州级强制法规的影响（Bailey，2014）。

由于本章在分析中将 SCHIP 的利用与儿童的精神健康联系起来，第二批文献考察了这些健康保险覆盖范围的扩大是否可以提高健康保障服务的利用率并改善健康结果。卡德和肖尔—谢帕德（Card and Shore – Sheppard，2004）使用断点回归方法来研究医疗补助计划的扩张对特定年龄段和同期出生的低收入儿童的影响，他们发现其对医生出诊产生了很大的影响。另外，父母医保覆盖范围的扩大和 SCHIP 的实施对医疗和预防保健服务的获得和使用具有正向但不太显著的影响（Shen and Zuckerman，2005；Currie et al.，2008）。

此外，还有一系列关于医疗补助计划和健康的文献。柯里和格鲁伯（Currie and Gruber，1996）的开创性论文表明，作为工具变量的模拟产前医疗补助计划资格在 1979~1992 年期间显著降低了婴儿死亡率和低出生体重的发生率，但对于健康影响的一般性证据仍然是有限且缺乏明确结论（Kaestner et al.，1999；Damiano et al.，2003；Cullen et al.，2005）。在一项专门对精神健康的研究中，弗兰克和格特勒（Frank and Gertler，1989）发现早期医疗补助计划资格政策减少了由精神疾病造成的贫困。此外，库拉尔和马科维茨（Cuellar and Markowitz，2007）发现医疗补助计划对精神药物的补贴会使一些精神健康结果得到改善，例如使得 1991~2001 年州层面自杀率下降。

与本章研究关系最为密切的是李和鲍曼（Li and Baughman，2011）的研究，他们使用全美家庭调查（the National Survey of America's Families，NSAF）数据（1997~2002）来研究 SCHIP 资格收入阈值（不同州—年份—年龄）对生理健康（限制活动的健康状况）的影响。他们发现 SCHIP 的实施显著提高了健康保险的覆盖率和基础预防及保健儿童门诊率，但对健康结果的影响相对较小。本章使用与他们类似的策略，但利用他们未加以探索的 NSAF 数据中有关精神健康的变量上。本章的研究是第一个使用美国全国调查数据从个人层面上探讨 SCHIP 对儿童精神和行为健康影响的实证研究。本章的研究证据还表明，SCHIP 的扩张对从公共覆盖到精神健康结果的影响因性别而异。此外，本章还研究了一个重要问题，即这些影响是否会随着各州私人保险市场的强制性平等法规而变化。

3.4 数据和方法

3.4.1 数据来源及描述

本章的分析基于 NSAF 的数据，该调查是美国城市研究所评估新联邦制（Assessing the New Federalism，ANF）项目的组成部分之一。ANF 项目旨在更好地理解将许多社会项目从联邦政府下放至各州的影响。NSAF 全面考察儿童、成人及其家庭的特征、行为和条件，以探讨各州政策与儿童和家庭福利之间的联系。NSAF 调查的三年横截面样本（1997 年、1999 年和 2002 年）包括家户、家庭、个人、成人和儿童级别的数据[1]。儿童级别的数据是本章分析的主要样本，其中包括样本儿童和每个家户中"对样本儿童情况最为了解的成年人"（the "Most Knowledgeable Adult"，MKA）的信息[2]。

NSAF 的一个特点是该调查对 13 个目标州的低收入人群进行了更高比例的抽样，13 个目标州分别为：阿拉巴马州、加利福尼亚州、科罗拉多州、佛罗里达州、马萨诸塞州、密歇根州、明尼苏达州、密西西比州、新泽西州、纽约州、得克萨斯州、华盛顿州和威斯康星州。这些州占整个样本的 87%，其余的样本来自其他州，以便进行有全国代表性的估计。这些州是"ANF 焦点州"，在这些州实施的公共政策由城市研究所进行监测（Kondaratas et al.，1998），其人口占全国人口的一半以上，拥有一系列数量较多的政府项目、较好的财政能力和较高的儿童福利。

NSAF 儿童调查数据包括每个样本家户中至多两名 18 岁以下的儿童[3]。

---

① NSAF 分别通过随机数字拨号（Random Digit Dialing，RDD）方法（对于有电话的家户）和个人补充区域取样（对于没有电话的家户）来抽取家户。

② MKA 通常是接受调查并报告儿童信息的父母或法定监护人。

③ 这样做是为了尽量减少受访者的负担。如果有多个 6 岁以下的儿童，则随机选择一个儿童。对于 6～17 岁的儿童也是如此。

所有 MKA 都被问到有关儿童健康保险状态、医疗服务使用情况、生理健康以及行为情绪表现。由于所有的只对大于 3 岁的儿童进行了精神健康调查，故我们从样本中剔除了 0 ~ 2 岁的样本，剔除之后总样本量为近 88000 名儿童。除了人口统计学特征外，数据中还匹配了来自 NSAF 中成人和家户数据中关于 MKA 和家庭相关信息。最后，将各州每年平等法案实施状态和 SCHIP 收入阈值与个人微观数据库进行匹配。

本章感兴趣的结果包括不同类型健康保险覆盖率、几种类型的健康保障利用以及儿童的精神健康结果。医疗服务利用包括在过去 12 个月内的医生就诊次数、"基础预防及保健儿童门诊"就诊次数、向医务工作人员就诊次数、急诊室就诊次数以及精神健康就诊次数[①]。精神健康就诊包括对医生、咨询师或治疗师的就诊。本章使用的精神健康结果是"6 ~ 11 岁儿童的行为问题指数得分"和"12 ~ 17 岁儿童的行为问题指数得分"。这些度量由 6 个问题的回答汇总而成，这 6 个问题涉及 MKA 在过去一个月中对儿童行为的评价。对于 6 ~ 11 岁的儿童，调查询问以下情况在过去的一个月中是否"经常""有时"或"从不"发生（赋值分别为 1 分、2 分、3 分）：你的孩子"不与其他孩子相处""不能长时间集中注意力""感到悲伤或沮丧""感到自己没有价值或不如别人""感到神经紧张"以及"相对于真实年龄表现得过于幼稚"。对于 12 ~ 17 岁的儿童，他们的 MKA 被要求回答与"6 ~ 11 岁儿童"相同的前 3 个问题以及不同的 3 个问题："睡眠困难""说谎或作弊"和"在学业上表现不佳"。将回答的分数进行加总，得到一个 6 ~ 18 分的评分，分数越高则表示精神健康状况越好。

3.4.2 回归模型

本章使用每个儿童面临的实际 SCHIP 资格收入阈值作为关键变量来构建回归模型。这种方法类似于"处理意向"框架而不依赖于模拟符合参保资格儿童的家庭收入水平，后者可能存在某些识别问题（进一步讨论参见

---

① "基础预防及保健儿童门诊"表示注射或免疫、年度或其他定期检查、听力检查、体检和其他预防性护理的就诊。医务人员是指执业护士、医师助理或助产士。

Hamersma and Kim，2013）。这意味着我们的估计可能会是 SCHIP 影响的下限，因为即使某些家庭在扩张后符合参与条件，他们也不会选择注册参与。为了有效地控制保险覆盖、医疗资源使用和健康的影响因素，包括精神健康平等法案以及其他对本章因变量可能产生的系统性冲击，我们的基准估计方程设定如下：

$$Y_{ijt} = \beta_0 + \beta_1 Threshold_{iajt} + \beta_2 X_{ijt} + \gamma_j \times \theta_a + \delta_t \times \theta_a + \epsilon_{ijt} \qquad (3.1)$$

在式（3.1）中，因变量 Y_{ijt} 是 j 州的儿童 i 在 t 年（1997 年、1999 年或 2002 年）的调查中所报告的健康保险覆盖、一般或精神健康保障服务利用以及精神健康结果。$Threshold_{iajt}$ 为参保资格阈值（以联邦贫困线的百分比来度量）除以 100。例如，对于给定的年龄组、居住州和观察年份，阈值"1.33"表示 FPL 的 133%。X_{ijt} 表示一组个人特征：儿童的年龄类别、性别、种族、生活状况，MKA 的年龄、性别、教育程度、就业状况和家庭中的儿童数量。有时，X_{ijt} 向量还包括 $Parity_{jt}$，这是 j 州在 t 年中是否具有精神健康强制平等法案的指标。将 $Parity_{jt}$ 与 $Threshold_{iajt}$ 进行交互，使实行精神健康强制平等法案的州中 SCHIP 产生的影响不同。如果精神健康强制平等法案主要提高私人精神健康保险质量，从而阻止人们转向公共保险，则公共医疗保险补助计划的扩张对从公共保险参与和其他结果的影响可能较小。如果与上述情况相反，强制平等法案导致更高的私人保险保费，从而使人们不再选择私人保险，则预期任何给定的医疗补助计划的扩张对平等法案州的影响更大。式（3.1）中包括用于控制与随时间不变而与医疗保障和健康结果模式相关的各州间差异的州固定效应 γ_j，以及用于捕捉与医疗保障和健康结果相关的时间趋势的年份固定效应 δ_t，并将州与年份固定效应分别与两个年龄组进行交互，这两个年龄组分别为 3~5 岁和 6~17 岁，在同一州内，不同年龄组将对应不同的 SCHIP 阈值。

关键系数 β_1 表示 SCHIP 扩张的影响。由于方程包含了州—年龄组的固定效应，估计量可以被解释为随时间改变的州政策的影响（包括对不同儿童年龄组的变化），因此本章估计可以为政策制定者提供未来的政策优化建议。另外，本章在相同模型设定下估计了一系列结果，试图解释 SCHIP 的影响是如何从医保覆盖传导至精神健康保障服务，再传导至精神健康的完整机制。

3.5　回归结果

本章首先估计了 SCHIP 对健康保险覆盖的直接影响；其次，将研究重点转移至健康保障的利用（包括精神和行为健康）的影响；最后，本章试图评估 SCHIP 是否可以引起精神或行为健康上的改善。表 3 - 1 列出了本章设计的关键因变量的（加权）平均值。第（1）和第（2）列报告了所有州样本及其低收入样本（< 300% FPL）的均值，第（3）和第（4）列则为 13 个 ANF 州样本及其低收入样本的均值①。所有州和 13 州样本基本相似，而低收入子样本与全样本则有很大不同。表 3 - 1 显示，与全样本相比，低于 300% FPL 的样本中参与 SCHIP 的比例增加了约 50%，这表明几乎所有参与 SCHIP 的人实际上都是低收入群体，正如前文所预期的那样。全样本中的未参保率为 12% ~ 13%，而低收入样本中则为 17% ~ 19%。两组样本在健康保障利用和精神健康结果上的原始差异要小得多。然而，对相对弱势的群体来说，急诊室和精神健康就诊次数稍高、精神健康结果指标稍差这些事实均在意料之中。

表 3 - 1　　　　　　　关键因变量的加权样本平均值

变量	所有州		13 个 ANF 州	
	（1）全样本	（2）< 300% FPL	（3）全样本	（4）< 300% FPL
面板 A：医疗保险覆盖				
医疗补助计划/ SCHIP	0.197 (0.398)	0.311 (0.463)	0.213 (0.409)	0.336 (0.472)
私人保险	0.688 (0.463)	0.524 (0.499)	0.663 (0.473)	0.480 (0.500)
任何保险	0.883 (0.322)	0.826 (0.379)	0.872 (0.335)	0.807 (0.395)

---

① 附录表 A4 中汇报了低收入、13 州样本不同性别控制变量的描述性统计。

变量	所有州		13 个 ANF 州	
	（1）全样本	（2）<300% FPL	（3）全样本	（4）<300% FPL
面板 B：医疗服务利用				
医生就诊次数	2.123 （2.638）	1.988 （2.633）	2.152 （2.667）	2.020 （2.690）
基础预防及保健 儿童门诊次数	0.902 （1.211）	0.920 （1.298）	0.933 （1.240）	0.955 （1.322）
医务人员就诊次数	0.725 （1.494）	0.871 （1.531）	0.722 （1.496）	0.741 （1.548）
急诊室就诊次数	0.363 （0.817）	0.424 （0.908）	0.330 （0.788）	0.383 （0.880）
精神健康就诊次数	0.555 （2.926）	0.609 （3.091）	0.548 （2.960）	0.603 （3.171）
任何精神健康就诊	0.069 （0.253）	0.074 （0.262）	0.065 （0.247）	0.068 （0.252）
样本数量	87717	53191	76252	45995
面板 C：精神健康结果				
6～11 岁指数	16.053 （2.053）	15.921 （2.147）	16.031 （2.063）	15.888 （2.154）
6～11 岁积极 行为指标	0.308 （0.462）	0.292 （0.455）	0.307 （0.461）	0.288 （0.453）
样本数量	33031	20730	29641	18818
12～17 岁指数	15.890 （2.177）	15.635 （2.313）	15.938 （2.168）	15.705 （2.296）
12～17 岁积极 行为指标	0.299 （0.458）	0.268 （0.443）	0.311 （0.463）	0.284 （0.451）
样本数量	32785	18020	29681	16764

注：使用全国和重点调查区域儿童全样本权重。括号内报告的是标准差。所用样本汇集了 1997 年、1999 年和 2002 年的 NSAF 儿童级别的数据，年龄限制为 3～17 岁。B 组中，NSAF 收集了 3 岁及以上儿童的精神健康保障的利用情况。C 组中则收集了 6 岁及以上儿童的信息。行为指数是范围在 6～18 分的量表得分。行为问题得分范围为 1～3 分，分数越高表示精神健康状况越好。积极行为是一个指数得分为满分 18 的指标。

3.5.1 医疗保险覆盖

NSAF 中的一些证据表明，符合 SCHIP 覆盖标准的收入阈值更高，该项改革将提高儿童的公共保险覆盖水平。为简化讨论，本章从基准估计开始讨论，不讨论性别与平等法案对回归的影响（即考虑性别或者平等法案与 SCHIP 收入阈值的交互项）。对于所有州样本，表 3－2 中 A 组的第一行显示了 SCHIP 对公共保险、私人保险和总保险覆盖率的影响。结果显示没有一个系数在统计上显著异于零。将样本分为高收入人群和低收入人群时，任何影响都可能由低收入人群承担，但这仍然在统计上不显著。相比之下，B 组的 ANF 样本（占全样本的 87%，但只有大约 1/4 的州—年龄固定效应）的估计表明，公共保险显著增加，但部分挤出了私人保险。具体而言，SCHIP 阈值每增加 100% 的 FPL（例如，从 100% FPL 到 200% FPL）将增加 2.5 个百分点的公共保险覆盖率（约为均值的 12%）。值得注意的是，该影响完全由低收入样本引起，SCHIP 的实施增加了 4.8 个百分点的公共保险覆盖率（约为均值的 14%）。实际上，1997～2002 年，大龄儿童符合 SCHIP 注册要求的收入阈值平均的上升程度大约是 FPL 的 100%，因此研究结果证实了公共保险覆盖的大幅增加。第（2）列显示，私人保险覆盖被公共保险挤出，对全样本和低收入群体样本总保险覆盖率的影响估计均为负。据估计，超过一半的新公共保险的参与者不再使用私人保险。这些结果与李和鲍曼（Li and Baughman，2011）的研究结果一致，尽管我们对变量的度量方式略有不同。

表 3－2　　公共保险扩张对医疗保险覆盖的影响（加权）

变量	(1) 医疗补助计划/ SCHIP	(2) 私人保险	(3) 任何保险	(4) 样本数量
面板 A：所有州				
SCHIP 阈值	0.013 (0.010)	－0.006 (0.010)	0.005 (0.007)	86947

续表

变量	（1） 医疗补助计划/ SCHIP	（2） 私人保险	（3） 任何保险	（4） 样本数量
<300% FPL				
SCHIP 阈值	0.014 （0.015）	−0.007 （0.016）	0.005 （0.012）	52613
>300% FPL				
SCHIP 阈值	0.005 （0.006）	−0.0001 （0.0080）	0.004 （0.005）	34334
面板 B：13 个 ANF 州				
SCHIP 阈值	0.025 *** （0.007）	−0.015 * （0.007）	0.006 （0.007）	75584
<300% FPL				
SCHIP 阈值	0.048 *** （0.011）	−0.027 ** （0.011）	0.011 （0.011）	45499
>300% FPL				
SCHIP 阈值	−0.0009 （0.0043）	−0.008 （0.007）	−0.005 （0.005）	30085

注：样本由 3~17 岁的儿童组成。所有回归都包括人口特征控制变量、年份和州虚拟变量，以及其与 2 个年龄组（3~5 岁和 6~17 岁）的交互项，并分别使用全国以及 13 个 ANF 州的儿童样本权重。标准差将通过泰勒线性化方差估计来计算。使用 Stata 命令"svy"来调整复杂的调查设计。SCHIP 资格收入阈值被编码为 FPL 的百分比。

括号内报告的是标准差。* 表示 $p < 0.1$，** 表示 $p < 0.05$，*** 表示 $p < 0.01$。

从表 3-2 观察到的两个有趣的事实启发了我们对于重点研究人群的定义。首先，对高收入群体进行回归时，我们发现 SCHIP 对他们的影响一直非常小。这种"证伪测试"很好地证实了本章所度量的影响确实与 SCHIP 有关，而不是由其他政策或经济趋势引起的。由于加入高收入群体可能会稀释公共保险扩张产生的影响，甚至使其趋于零，我们在接下来的分析中将他们排除在外。另外，由于过多的州固定效应及其与年龄段的交互固定效应将带来许多自由度的损失，将非 ANF 州的小部分样本加入回归分析有

可能导致更小、更不精确的估计①。因此本章将在后面的分析中主要使用
13 个 ANF 州的样本（占所有州样本的 87%）②。鉴于本章将从医保覆盖一
直跟踪到医疗服务利用及健康结果，在医保覆盖上出现更大变化的州也有
可能在医疗利用和健康水平上出现显著变化。当然，本章结果不具备全国
代表性。

另外，在考虑公共医保扩张影响的文献中，性别异质性是一个未被探
索的问题，尤其是对青少年而言。新增的医疗服务可能会对不同性别青少
年儿童的精神健康产生不同的影响。其次，公共保险对精神健康产生的影
响还可能取决于该州是否实行了其他精神健康保险政策，例如强制平等法
案。综上所述，我们使用低于 300% FPL 的 13 个州低收入样本和完整计量
模型进行估计，并依次考察性别异质性和州平等法案异质性。表 3 - 3 汇报
了基准回归（A 组）和交互变量的估计系数。

在 B 组结果中，我们可以看到公共保险扩张对医疗补助计划或 SCHIP
参与的正向影响似乎并未因性别而异，均保持在接近 5 个百分点。但出人
意料的是，新增覆盖增加的程度却似乎因性别而异。SCHIP 对女孩总保险
覆盖率的影响接近于零（0.002），而男孩为 0.020（p = 0.11）。由此可见
女孩的医疗补助计划或 SCHIP 增加的大部分可能来源于私人保险的转移，
相反，男孩增加的医疗补助计划有 40% 的都来自之前无保险覆盖人群③。
因此，女孩的医疗资源利用及健康结果变化可能更多由私人保险向公共保
险的转移解释，而不是新医保的获取。

表 3 - 3 的 C 组结果表明其他医保政策环境也非常重要，精神健康强
制平等法案与 SCHIP 扩张的确产生了某种程度上的相互作用。SCHIP 阈值
增加 100% FPL 的平均影响为 4.8 个百分点，而在非平等法案州，SCHIP 将

---

① 全样本相对于 13 个州样本来说样本量略大（分别为 86947 和 75584），且全样本模型包括
51 × 2 = 102 个州—年龄固定效应，而不是 13 × 2 = 26 个州—年龄固定效应。

② 可以根据要求提供全样本的结果。

③ 将男性的估计系数 0.020（0.018 + 0.002）与医疗补助计划/SCHIP 的总体估计增长 0.050
（0.047 + 0.003）进行比较。这种性别差异的原因尚不清楚。可以推测，由于潜在的生殖健康需
求，家庭更关心女儿的保险覆盖，因此原先没有保险的可能性较小。但是，并未发现我们样本数
据中整体保险覆盖存在显著性别差异。另一种可能的解释是，当家庭没有保险并且孩子符合条件
时，可以优先考虑让男孩接受，但由于数据限制本章无法对此假设进行检验。

增加估计约 7.4 个百分点，在平等法案州的 SCHIP 覆盖率的增加幅度显著变小。为了更好地理解这些动态变化，接下来我们来看第（2）列有关私人保险覆盖的结果。对于非平等法案州，私人保险覆盖被挤出 3.5 个百分点，该数值接近公共保险增长的一半。对于平等法案州，挤出效应被减弱至 2.5 个百分点，但仍然超过了 SCHIP 对公共保险覆盖率的 1.7 个百分点正向影响。这表明了在平等法案州中存在着不可忽视的从保险市场被挤出的人群。另一种看待问题的方式如第（3）列所示，其中交互项的系数大于 SCHIP 的正向系数。因此，平等法案州中 SCHIP 参保者对公共保险扩张政策没有那么敏感，他们可能不倾向于放弃质量更高的私人保险而转向公共保险。

表 3 – 3　　　　考虑性别和平等法案时，公共保险扩张对医疗保险
覆盖的影响（加权）

变量	(1) 医疗补助计划/SCHIP	(2) 私人保险	(3) 任何保险
面板 A：基准估计			
SCHIP 阈值	0.048 *** (0.011)	− 0.027 ** (0.011)	0.011 (0.011)
面板 B：性别			
SCHIP × 男性	0.003 (0.012)	0.011 (0.013)	0.018 (0.011)
SCHIP 阈值	0.047 *** (0.013)	− 0.033 *** (0.012)	0.002 (0.012)
面板 C：平等法案			
SCHIP × 平等法案	− 0.057 ** (0.022)	0.010 (0.024)	− 0.048 ** (0.020)
SCHIP 阈值	0.074 *** (0.015)	− 0.035 ** (0.016)	0.030 * (0.016)
样本数量	45499	45499	45499

　　注：样本由 13 个 ANF 州中低于 300% FPL 的 3 ~ 17 岁儿童组成。A 组报告了基准估计，B 组包括了性别和阈值的交互项，C 组则包括了平等法案与阈值的交互项。使用重点调查区域儿童全样本权重。通过泰勒线性化方差估计来计算标准差。使用 Stata 命令 "svy" 来调整复杂的调查设计。SCHIP 阈值被编码为 FPL 的百分比。

　　括号内报告的是标准差。* 表示 $p < 0.1$，** 表示 $p < 0.05$，*** 表示 $p < 0.01$。

3.5.2　医疗服务利用

建立 SCHIP 扩张与保险参与之间的关系以及其基于性别和平等法案的异质性之后，本节将考虑公共保险覆盖的增加是否会导致医疗服务使用的增加。与之前的分析一样，在基准估计后我们还将对不同性别与平等法案实施情况进行区别分析。表 3-4 显示了 SCHIP 阈值对 6 种普通医疗服务利用指标的影响。A 组中，基准估计表明 SCHIP 扩张会增加医疗服务利用，但只有基础预防及保健儿童门诊的系数在统计上显著异于零（急诊室就诊概率系数也接近显著）。估计结果表明，阈值提高 100% FPL 会使基础预防及保健儿童门诊次数增加约 1/10（0.094），并为其均值的约 1/10（0.955）。该估计结果与李和鲍曼（Li and Baughman, 2011）一致，后者使用广延边际变量发现"任何类型就诊"的概率增加了 8%。本章的估计超出了他们的预测，并在第（5）和第（6）列中增加了对精神健康就诊的考察，但无论是连续变量还是离散变量，其系数在统计上都不显著异于零。

然而，本章发现了一个有关性别异质性的有趣事实。女孩的基础预防及保健儿童门诊次数增加较多（增加 12%），同时，她们的急救室就诊次数减少了 13%（$p = 0.057$），精神健康就诊次数减少了 25%（$p = 0.114$）（性别的基准值见附表 A5）。这些精神健康服务利用的减少可能有许多原因。其中一种可能是替代效应，即通过基础预防及保健儿童门诊获得一些改善精神健康的服务，或是由私人保险转向医疗补助计划或 SCHIP 后家庭医疗保险质量下降造成；也可能在获得免费的公共健康保险后，家庭财务状况压力水平减少以及非医疗目的的收入增加（即"收入效应"），使得其幸福感普遍增加，从而对儿童精神健康服务需求有所减少。

相比之下，男孩的基础预防及保健儿童门诊增幅较小，而精神健康就诊次数较女孩而言有所增加（统计上与女孩的系数估计有显著差异，而不是显著异于零）。与女孩相比，这种整体增长可能与男孩"总保险覆盖率"的净增长有关[①]。SCHIP 扩张所引起的不同类型医疗服务利用可能会导致

---

① 同样值得注意的是，男孩和女孩在急救室就诊次数中都有相似的减少。

不同性别间不同的健康结果。

最后，将强制平等法案纳入分析，为 SCHIP 与精神健康医疗服务利用之间的关系提供了额外的证据。首先，有证据表明，对于平等法案州，SCHIP 对基础预防及保健儿童门诊的影响较小（0.040 与 0.097），只有对非平等法案州的估计在统计上异于零。如果这些基础预防及保健儿童门诊均有助于儿童的精神健康，政策制定者就应该认识到，SCHIP 可能会在非平等法案州中对就诊次数产生更大的影响。其次，有证据表明平等法案的实施减少了 SCHIP 对急诊室就诊的负面影响。最后，当 SCHIP 扩张时，平等法案州的"任何精神健康就诊"减少了近 50%，而非平等法案州则没有变化。

表 3 - 4　　　　　　　公共保险扩张对医疗服务利用的影响（加权）

变量	（1）医生就诊	（2）基础预防及保健儿童门诊	（3）医务人员就诊	（4）急诊室就诊	（5）精神健康就诊	（6）有无任何精神健康就诊
面板 A：基准估计						
SCHIP 阈值	0.070 (0.062)	0.094 ** (0.038)	0.055 (0.043)	− 0.037 (0.022)	− 0.028 (0.083)	− 0.001 (0.007)
面板 B：性别						
SCHIP × 男性	− 0.043 (0.089)	− 0.052 (0.039)	− 0.005 (0.042)	0.018 (0.023)	0.218 ** (0.083)	0.015 ** (0.006)
SCHIP 阈值	0.092 (0.075)	0.120 ** (0.048)	0.057 (0.048)	− 0.046 * (0.024)	− 0.137 (0.086)	− 0.008 (0.007)
面板 C：平等法案						
SCHIP × 平等法案	− 0.060 (0.137)	− 0.057 (0.075)	0.051 (0.082)	0.086 * (0.045)	− 0.099 (0.181)	− 0.028 ** (0.012)
SCHIP 阈值	0.092 (0.091)	0.097 ** (0.045)	0.034 (0.055)	− 0.051 (0.035)	− 0.102 (0.126)	− 0.002 (0.009)
样本数量	45499	45499	45499	45499	45499	45499

注：样本由 13 个 ANF 州中低于 300% FPL 的 3～17 岁儿童组成。A 组报告了基准估计，B 组包括了性别和阈值的交互项，C 组则包括了平等法案与阈值的交互项。所有回归都包括一整套人口统计上的控制变量，以及年份和州虚拟变量与 2 个年龄组（3～5 岁和 6～17 岁）的交互项。使用重点调查区域级儿童全样本权重。通过泰勒线性化方差估计来计算标准差。PSU 和分层变量使用 Stata 命令"svy"，来调整复杂的调查设计。SCHIP 阈值被编码为 FPL 的百分比。

括号中报告的是标准差。* 表示 $p < 0.1$，** 表示 $p < 0.05$，*** 表示 $p < 0.01$。

3.5.3 精神和行为健康

在上个章节的分析中，我们发现 SCHIP 覆盖的增加会引起精神健康医疗服务利用的提高，尤其是对某特定人群或特定政策环境中，因此本章节将进一步研究精神健康结果是否因此有显著改善。无论精神健康医疗服务利用变化与否，扩大公共保险覆盖范围都有可能通过增加基础预防及保健儿童门诊，通过收入效应或减轻压力来改善家庭幸福感，最终对精神健康结果产生一定影响。

表 3 - 5 提供了 SCHIP 对精神和行为指数的影响（行为指数范围从 6 ~ 18 分，分数越高精神健康程度越好）以及表示是否得到满分的二元变量（即指数是否 18 分，满分代表非常好的精神状态）。该调查为 6 ~ 11 岁和 12 ~ 17 岁的儿童提供了不同的指数测量方法，因此在模型中将这两个年龄组分开估计，并同样考虑了性别或平等法案的异质性。估计结果表明 SCHIP 的扩张在任一组样本中都没有产生显著影响[①]。但当 SCHIP 阈值上升时，男孩精神健康表现非常好的可能性增加 0.046（$p = 0.089$），比均值 0.256 提高了 18%。总体而言，对年龄较大的儿童而言，他们儿童保健和精神健康就诊次数的增加的确有可能会改善行为健康，这是因为这些儿童经历的公共保险扩张力度更大，并产生了更大程度的保险覆盖增加（见附录表 A6）。但与此相反，扩张对女孩没有任何显著影响。一种可能的解释是，女孩使用基础保健代理了精神健康医疗服务，因此其行为或精神健康结果变化得很小甚至接近于零，但值得注意的是，它可能减少了在医疗保健上所花费的时间并保持结果不变，这样即使没有显著健康水平的改善，但也提高了效率。

[①] 如前所述，行为问题指数得分结合了 6 个行为问题的信息，其中 3 个问题在两个年龄组中都有重叠，我们对每个单一问题分数都进行了回归但没有发现任何显著影响。

表 3 – 5　　　　公共保险扩张对精神和行为健康结果的影响（加权）

变量	(1) 6~11 岁指数	(2) 6~11 岁积极 行为指标	(3) 12~17 岁指数	(4) 12~17 岁积极 行为指标
面板 A：基准估计				
SCHIP 阈值	– 0.066 (0.090)	– 0.026 (0.021)	0.130 (0.119)	0.028 (0.020)
面板 B：性别				
SCHIP × 男性	– 0.106 (0.077)	0.001 (0.018)	0.057 (0.102)	0.037 * (0.022)
SCHIP 阈值	– 0.013 (0.093)	– 0.026 (0.023)	0.102 (0.128)	0.009 (0.024)
面板 C：平等法案				
SCHIP × 平等法案	– 0.009 (0.174)	0.027 (0.035)	– 0.174 (0.236)	– 0.001 (0.044)
SCHIP 阈值	– 0.084 (0.112)	– 0.032 (0.027)	0.253 (0.164)	0.046 (0.028)
样本数量	17830	17830	15550	15550

注：样本由 13 个 ANF 州中低于 300% FPL 的 6~17 岁儿童组成。行为指数是范围在 6~18 分的量表得分，分数越高表示精神健康状况越好。积极行为是一个指数得分为满分 18 的指标。A 组报告了基准估计，B 组包括了性别和阈值的交互项，C 组则包括了平等法案与阈值的交互项。所有回归都包括一整套人口统计上的控制变量，以及年份和州虚拟变量与 2 个年龄组（3~5 岁和 6~17 岁）的交互项。使用重点调查区域儿童全样本权重。通过泰勒线性化方差估计来计算标准差。使用 Stata 命令"svy"来调整复杂的调查设计。

括号内报告的是标准差。* 表示 $p < 0.1$，** 表示 $p < 0.05$，*** 表示 $p < 0.01$。

3.6　稳健性检验及延伸讨论

为了检验主要结果的稳健性，本节进行了几项补充分析。首先，本节使用与之前的基准回归模型来检查滞后的 SCHIP 资格阈值对精神健康结果的影响。在考察保险覆盖与健康结果的相关文献中，对不显著健康影响的一种可能的解释是，要观测到健康的显著改善可能需要一定时间。因此，我们将当年的公共保险资格阈值变量替换为滞后一年或两年的资格阈值。附录表 A7 报告了基准结果（第一行）及其使用滞后变量的结果，包括公共保险覆盖率（医疗补助计划/SCHIP）、医疗服务利用指标（任何精神健康就诊）和两个积极行为指标（6~11 岁和 12~17 岁）。当期公共保险资格阈值所产生的影响最大，而一年滞后的政策影响略小，两年滞后政策影响几乎消失，那么政策实施被证实并未产生滞后或长期的影响。

另一项稳健性检验将考察可能遗漏变量是否使得结果产生变化。虽然在我们基准模型中控制了州和时间固定效应，但更细致地控制地理位置层面变量可能有助于精确评估儿童的健康状况。对儿童精神健康结果有可能产生明显影响是儿童的学校环境，因此我们收集了美国国家教育统计中心（the National Center for Education Statistics，NCES）共同核心资料库的数据，并将其匹配到 NSAF 样本居住的县（仅限 ANF 样本中人口超过 250000 的那些较大的县），并构造了每个县的师生比和心理咨询顾问与学生数量比，并将它们合并到我们的回归样本中①。结果显示拥有较少的教师和更多心理咨询顾问的县的 SCHIP 覆盖更高，这可能是因为较少的师生比表示学校的资源较缺乏，而儿童也更有可能获得 SCHIP 资格，而心理咨询顾问则可以作为连接学生与医疗补助计划的通道，尽管我们无法证实这一机制。在控制这些新变量和将样本限制在大城市时，附录表 A8 报告了 SCHIP 扩张对覆盖率的影响比之前的基准回归结果大（5.7 个百分点而不是 4.8 个百分点）。几乎没有证据表明，除了男孩（D 组）的利用率增加外，SCHIP 的扩张（以及县级教育水平）对精神健康服务利用或精神健康结果产生了显著影响。

在影响机制上，我们进一步考察了儿童健康保险覆盖的增加是否影响父母的保险覆盖状况、医疗服务利用和精神健康结果。基于现有有关家庭内部公共保险溢出效应的文献（Hamersma，Kim and Timpe，2019），父母可能会从儿童保险扩张中获得间接益处，这可能由于政策改革后父母开始意识到本人的医保资格，从而获得医疗保险，或是获得额外儿童健康保障

---

① 需要注意的是，模型中控制的是这些县级教育水平变量而不是县固定效应，这是因为加入该控制变量后样本量减少较多而无法支持县内医疗补助计划影响的识别。

之后减少了焦虑情绪。如果这些儿童公共医保覆盖的提高改善了父母的医保覆盖或健康结果，这些影响可能又再次反馈到孩子的精神健康状况中。NSAF 数据提供了儿童对应的主要照料者精神健康的信息"精神健康量表评分"，该评分是通过对几个问题回答情况汇总得出的，分数范围为 5~20 分，分数越高表示精神健康状况越好①。

在表 3-6 中我们估计了儿童公共医保资格扩张对父母医疗补助计划覆盖、私人保险覆盖和精神健康评分的影响时，有以下两个主要发现。首先，有迹象表明父母的精神健康评分有所增加，其中全样本影响的置信度为 90%，对养育女孩父母的置信度则有近 95%。由于更多的女孩选择不参加私人保险，因此父母精神健康改善从侧面反映出免费公共医疗保险在一定程度上减少了经济压力。其次，当儿童保险资格扩张时，父母的医疗补助计划/SCHIP 注册以及总保险覆盖率有所增加，但仅限于在平等法案州中。因为在该州实施强制平等法案的情况下，私人保险价格会更加昂贵，从而可能减少居民的购买。

表 3-6　公共保险扩张对父母的影响：保险覆盖和精神健康（加权）

变量	(1) 医疗补助计划/ SCHIP	(2) 私人保险	(3) 任何保险	(4) 精神健康评分
面板 A：基准估计				
SCHIP 阈值	0.013 (0.010)	-0.014 (0.014)	-0.012 (0.014)	0.137 (0.088)
面板 B：性别				
SCHIP × 男性	-0.004 (0.009)	0.005 (0.012)	0.001 (0.012)	-0.100 (0.095)
SCHIP 阈值	0.015 (0.010)	-0.017 (0.014)	-0.013 (0.015)	0.188* (0.094)

① 问题包括以下情况发生的频率：是否常常感到紧张、感到心灰意冷或沮丧、闷闷不乐而无法振作起来等。

续表

变量	（1） 医疗补助计划/ SCHIP	（2） 私人保险	（3） 任何保险	（4） 精神健康评分
面板 C：平等法案				
SCHIP × 平等法案	0.035 * （0.020）	0.007 （0.021）	0.047 ** （0.022）	− 0.028 （0.162）
SCHIP 阈值	− 0.004 （0.012）	− 0.013 （0.019）	− 0.036 * （0.018）	0.114 （0.117）
样本数量	37961	37961	37961	37347

注：此样本包括 13 个 ANF 州的 3~17 岁儿童所在的每个家户（低于 300% FPL）中的一位 MKA，即如果样本中的两个儿童具有相同的 MKA，则随机选择一个儿童以避免样本重复。精神健康评分的得分范围为 0~25 分，得分越高表示精神健康状况越好（均值 = 15.55 分）。A 组报告了基准估计，B 组包括了性别和阈值的交互项，C 组则包括了平等法案与阈值的交互项。所有回归都包括了一整套人口统计上的控制变量，以及年份、州虚拟变量与 2 个年龄组（3~5 岁和 6~17 岁）的交互项。使用重点调查区域儿童全样本权重，通过泰勒线性化方差估计来计算标准差。使用 Stata 命令 "svy" 来调整复杂的调查设计。

括号内报告的是标准差。* 表示 $p < 0.1$，** 表示 $p < 0.05$，*** 表示 $p < 0.01$。

3.7 结论和政策建议

一般来说，私人保险计划的平均福利水平比公共保险高，但在精神健康方面，公共医疗补助计划提供了更为优质的待遇。20 世纪 90 年代末主要医疗补助计划扩张和新政策 SCHIP 的引入为许多儿童特别是年龄较大的儿童，提供了获得精神健康保险的机会。虽然现有文献已经探讨了医疗补助计划扩张对保险覆盖、一般性医疗服务利用和健康的影响，但这些扩张对精神健康医疗服务使用和精神健康结果的影响尚未有定论，也未曾涉及性别及精神健康强制平等法案实施的影响异质性。了解公共医疗保险在促进儿童精神健康方面的作用对于考虑强制性精神健康保险影响（ACA 法案下的"基本福利"之一）以及其被取消的潜在后果非常重要，对于可能会提出的医保改革方案有一定的政策启示。

本章主要结果来源于 NSAF 的 13 个 ANF 州样本，研究证实了之前的研究结果：SCHIP 的扩张对公共医保覆盖率、基础预防及保健儿童门诊的积极影响。本章的后续研究发现，女孩基础预防及保健儿童门诊就诊次数的增加高于男孩，并且在非平等法案州（公共保险覆盖率增加较多的地区）中该影响比在平等法案州中的更大，但女孩精神健康相关就诊次数没有显著影响（并且估计系数符号为负）。相比之下，男孩的基础预防及保健儿童门诊次数增幅较小，但对于精神健康就诊次数的影响在统计上是正显著的。本章在对精神健康结果进行讨论时发现，男孩的积极精神行为健康指标有所改善，女孩则没有影响，并且在平等法案州和非平等法案州之间没有明显的差异。

另外，本章还提供了一系列稳健性检验以及对父母医疗保险覆盖和精神健康的影响研究。当使用滞后医疗补助计划阈值，或者加入更多与当地教育环境相关的变量，主要结果表现稳定。对父母结果的估计表明，父母可以从这些儿童保险的扩张中受益，主要表现在他们自己公共保险覆盖的增加，并且精神健康评分的升高。但是，更严谨地证实这些溢出效应的存在以及机制还需要更多的研究工作。本章最终得出的结论是，扩大儿童公共医疗保险资格不仅对提高普通医疗服务利用至关重要，对提高精神健康服务利用也非常重要，尤其是对男孩而言。考虑到儿童精神健康保障服务和利用较为不足的现状，以及为儿童提供精神健康保障以避免未来情绪和行为问题的成本效益，我们希望未来的公共医疗保险扩张可以配合其他的干预措施一起发挥作用，来有效地满足儿童保障和提高精神健康的需求。

第 4 章

中国医疗保险改革对健康的影响：
对城镇职工医疗保险制度
转轨的思考

4.1　研究意义和背景

在我国城镇职工基本医疗保险改革之前，覆盖我国城镇职工的医保系统主要由公费医疗和劳动保险医疗构成，而这两种保险计划主要针对国家公共部门和事业单位在编工作人员、国有企业和集体企业职工，以及他们的家属。城镇居民医疗保险政策的推行逐步替代了原有的公费和劳动保障医疗政策。在转轨过程中，我国城镇职工的医疗保险经历了覆盖率、福利及缴费水平的变化。首先，城职保将以前不在社会医疗保险体系中的从业人员，例如私营企业、外资企业职工等，纳入新的基本医疗保险计划中来。但同时城职保只对职工本人提供福利，而不再保障其家属或子女，这使得这一部分人群在城职保政策实施之后，失去了医疗保险覆盖。数据显示，城职保实施之后，总体保险覆盖率呈下降趋势，尤其是在公费或劳保医疗向城职保转轨的最初阶段。如图 4 - 1 左侧部分所示，城镇居民医疗保险覆盖率从 1993 ~ 1998 年有明显下降的趋势。根据图 4 - 1 右侧部分，总保险覆盖率的降低大部分来自免费医疗覆盖（公费医疗和劳保医疗）的大幅度下降，而城镇职工基本医保覆盖的增加量又不足以弥补免费医疗覆盖率的降低，同时纯商业保险的覆盖率有较为明显的上升。其次，相较于公费或劳保医疗，城职保的福利水平也有所下降。为了控制医疗成本，城镇职工基本医保改革降低了原有的公费/劳保医疗福利水平，提高了员工在医疗服务使用中的自付比例水平并且对于服务类型进行了一系列的规范。根据黄和甘（Huang and Gan, 2017）的计算，城职保改革前后，门诊服务患者自付比例从30%左右上升到了80%左右，住院自付比例也从20%上升到35%。最后，与公费/劳保医疗负担职工全部医疗费用不同，城镇职工医疗保险将由单位和个人共同缴费，其缴费率和分摊标准在各个省市之间存在一定差异。

为进一步实现医疗保障覆盖全民的目标，2007年国务院开始推行城镇居民基本医疗制度，以个人缴费和政府补助为筹资来源，将大量的城镇非就业人员纳入到医保体系中来，其中主要包括城市地区少年儿童、老人，以及没有正式工作的劳动力。城镇居民医疗保险的政府补助比例在各地存在不同，对于参保对象的规定也有一些细微的差别，例如是否覆盖灵活就业人员、城市农民工，以及在校大学生等。但截至2010年，各地参保范围都被逐年扩大。随着城居保的推行及深入，至2011年我国已经基本形成了全民医保格局，包括新农合保险在内的三大公共医疗保险覆盖率已达到95%。

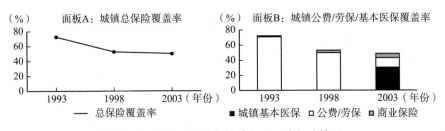

图4-1 1993~2003年城镇居民医疗保险情况

注：总保险覆盖率包括基本医疗、公费/劳保医疗、合作医疗、商业保险和其他保险，其中合作医疗和其他保险形式未显示。公费/劳保医疗包括全额保险和家属子女的半保。

资料来源：根据1993~2003年国家卫生服务调查数据报告计算得到。

关于我国新农合政策对健康水平的影响，其效应的方向和大小在很大程度上也取决于数据和方法的选择。部分研究表明，参与新农合保险提高了门诊和住院的使用率，对于改善农民健康有积极影响，降低了农村孕产妇和青少年的死亡率（Wagstaff et al.，2009；陆丽萍和李美芹，2010；吴联灿和申曙光，2010；Chen and Jin，2012）。雷和林（Lei and Lin，2009）利用中国健康与营养调查数据并在比较多种估计方法后得出结论：参与新农合保险增加了对于预防保健服务的使用，但是没有增加常规性的医疗资源使用以及改善自评健康水平。但苏春红和田坤忠（2012）发现新农合的实施降低了农民的自评健康水平，并且其对健康的影响存在与收入有关的不公平。部分研究重点关注了新农合对老年人健康的影响，王丹华（2014）利用中国老人健康长寿调查数据分析得出新农合客观上有利于农村老年人长期健康发展的结论，但也有研究指出新农合只改善了低收入老年人的健康水平。并且被新农合保险覆盖的老年人减少了他们改善健康的行为，存在的潜在道德风险对于健康改善有一定阻碍作用（Cheng et al.，2015；傅虹桥等，2017）。

对我国城市地区城职保政策的研究表明，参加城职保增加了患者对医疗资源的使用，尤其是门诊服务，促进了参保职工的自评和心理健康（Liu and Zhao，2006；Wagstaff and Lindelow，2008；张抗私等，2018），同时也显著降低老年人死亡率并使得其平均寿命更长（黄枫和吴纯杰，2009；黄枫和甘犁，2010）。黄和甘（Huang and Gan，2017）研究了1998年城职保在替代旧医保制度过程中成本分担比率变化的影响，发现患者成本分担的上升导致了门诊数量和消费的减少，但是并没有影响人们的自评健康水平。对城居保政策的研究表明，该政策的实施从一定程度上增加了医疗资源的使用（官海静等，2013；王海鹏和孟庆跃，2013；于大川，2015）。潘杰等（2013）利用2007~2010年城镇居民医疗保险试点评估调查以及各城市对参保人群的补贴比例数据，发现城居保政策有效提高了参保居民的健康水平。但胡宏伟和刘国恩（2012）指出，城居保只对老年人和低收入低健康者有显著的健康改进，对整体城镇居民并未产生较大的影响。

我国医疗保险体系对劳动力市场的影响也逐渐引起了学者们的关注。秦雪征和刘国恩（2011）对于该问题做出了重要的文献总结工作，并提出在我国医疗体制背景下研究该问题的现实意义。郑园（2015）梳理了我国医疗保险体系下的劳动力市场特征并提出了相应建议。实证研究方面，刘国恩等（2018）利用中国城镇居民基本医疗保险入户调查面板数据发现城居保的实施增加了失业率。另有一系列文献对我国特有的城乡二元医疗保险结构对于农民工流动及工资问题进行了探讨，提出新农合保险增强了农民回乡意愿，但是城镇医疗保险对于农民工的吸纳能力有限（秦雪征和郑直，2011；秦雪征等，2014；惠云和秦立建，2016），并且当用工单位需要负担农民工医疗保险费用时，将把成本转嫁到农民工个人上导致工资水平的下降（秦立建和苏春江，2014）。关于影响机制，王金营等（2014）从人力资本的角度出发，通过对深圳市人口健康和医疗保障对劳动供给的分析，提出医疗保障的发展促进劳动供给的观点。张利痒等（2017）构建了健康冲击对劳动力供给的动态规划模型，提出医疗保险可使得劳动力供给变化在面对冲击时更加平稳。

综上所述，医疗保险对健康及劳动力市场的影响及其作用机制一直以来都是经典的经济学研究问题，随着世界各国医保政策的不断的改革和完善，对该问题还会一直保有较高的研究热度。后续的学科发展将通过更多元的政策背景分析、更科学的实验设计及微观数据应用，以及更丰富的因果机制和异质性探讨来推进卫生经济与劳动经济学领域理论发展，解决更多的实际社会问题。虽然已有文献对我国基本医疗保险对劳动力市场影响开展了一些研究，但是从研究内容、研究数据、研究方法以及研究视角上还存在一定局限性。首先，关于该方面的研究主要集中在城居保对失业率的影响，以及新农合对流动人口（如农民工等）工作意愿和工资水平的影响。对于城职保的研究还比较缺乏，对城居保的研究也只涉及 1~2 个劳动力市场均衡结果，并且缺乏对其主导机制是来自劳动供给侧还是需求侧的详细剖析。其次，鲜有文献较好地解决了该问题实证研究中存在内生性的问题，导致实证估计结果偏误较大。一方面，一些文献只考虑有无医保来分析医保的影响，忽视了道德风险、逆向选择等方面的影响；另一方面，基于医保政策的准自然实验要求政策前后数据较为齐全完整，且采用双重差分模型对数据适用性要求较高，一些研究缺乏完整高质量数据导致一些研究的结果并不稳健。最后，大多数国内文献将基本医疗保险的影响集中在失业率，缺少一些诸如对劳动参与、劳动参与方式、劳动时长等重要变量的研究；同时还缺乏考虑劳动力市场重要主体——企业的特征等的影响。因此，从研究角度来看，关于基本医疗保险对劳动力市场影响还不够完善。

与美国医疗保险市场相似的地方是，我国医疗保险市场也是以多种医疗保险为主体，这一点与加拿大以及欧洲等福利主义国家是不同的，这些国家的保险市场以公共财政提供的公立医疗保险为主。我国的城镇职工医疗保险与美国雇主提供团体保险也有很多类似之处，略有不同的是我国的城职保是只覆盖职工但不覆盖职工家属，未参加就业的职工家属可以参加城居保。而美国的雇主医疗保险提供了家庭计划的选项，可覆盖所有直系亲属。这一差异对居民福利水平的影响有何异同？或者是我们在医疗保险制度改革制度衔接阶段在健康和劳动力市场表现上会产生什么变化？以及从之前使用美国政策进行的实证研究结论又能给我国医疗保险市场深化改革带来哪些启示？以上都是未来需要深入研究的问题。

本章利用中国营养与健康调查数据库 1993 年、1997 年、2000 年及 2004 年的数据对公共医疗保险由劳保医疗与公费医疗转轨至城职保这一改革过程的健康效应进行考察。由各省政府及其下属各地级市政府改革进程并不一致导致的"准自然实验"为双重差分模型的使用提供了机会。在探究此次改革对于国民整体健康水平的影响之余，本章还利用三重差分方法分析此次改革的健康效应在不同特征人群中的不同表现。

4.2 研究方法与实证模型

双重差分模型是常用于分析政策效果的一种计量方法，其主要思路是通过外生冲击将样本分为受到冲击的处理组和未受冲击的控制组，估计两组的被解释变量在政策实施前后的变化，两组变化量的差值即"双重差分估计量"，反映了政策冲击的净效应。

本章将使用通过中国营养与健康调查（China Health and Nutrition Survey，CHNS）数据库，对该数据库中包含的 9 个省份（辽宁、黑龙江、江苏、山东、河南、湖北、湖南、广西、贵州）的省政府及其下辖各地级市政府 1998 年前后近十年相关政策的梳理，可以发现它们对此次医疗保险改革的反应快慢和推行力度并不一致。参见表4-1，根据本章考察的改革周期内（2005年以前）可查的各省市政府关于公费/劳保或城职保改革文件公开发布的数量来看，黑龙江、湖北、河南、贵州四省均少于20份，其余五省则相对较多；此外，结合2003～2005年各省城职保参保人数与城镇就业人数的比例是否超过100%（Huang and Gan，2017），并考虑健康作为存量所受影响的滞后性，可以做出"直至2004年，黑龙江、河南、湖北、贵州四省内城职保改革推行相对其余五省更加缓慢"的判断。

表4-1 各省政策文件发布数量及城职保覆盖率

变量		发布改革文件数量			UEBMI/在职职工（2003）（%）
		2003年	2004年	2005年	
处理组	山东	31	33	33	107.23
	江苏	27	27	27	143.02
	辽宁	26	27	30	138.63
	广西	20	20	21	113.05
	湖南	20	20	20	136.20
控制组	河南	14	16	16	100.32
	湖北	12	12	12	94.19
	黑龙江	8	9	9	80.76
	贵州	6	6	11	86.32

资料来源：根据各省、市政府公开发布的医疗保险改革文件以及黄和甘（Huang and Gan，2017）的数据整理。

这场"准自然实验"为双重差分模型的建立提供了良好的机会，将黑龙江、河南、湖北和贵州的样本四省作为"控制组"，其余五省样本作为"处理组"，可以建立如下双重差分模型：

$$Y_{ist} = \alpha + \beta_1 Treatment_s \times Post_t + \beta_2 Treatment_s + \beta_3 Post_t$$
$$+ \beta_4 X_{ist} + \mu_s + \eta_t + \tau_{st} + \varepsilon_{ist} \qquad (4.1)$$

其中，Y_{ist}表示s省t年时个体i的健康结果。变量$Treatment_s$为虚拟变量，该个体处于处理组省份时取值为"1"，否则为"0"；变量$Post_t$为虚拟变量，t年处于城职保改革实施后则取值为"1"，否则为"0"。X_{ist}表示包括性别、年龄、婚姻状况、最高受教育程度、收入水平、工作状况以及家庭规模在内的反映受访者个人特征的控制变量。μ_s 和 η_t 分别为省份和年份的固定效应，τ_{st} 表示省份—年份效应。ε_{ist} 为随机扰动项。β_1 为本章关心的关键系数，反映此次医疗保险改革的净效应。

最后，本章关心的健康结果"短期健康"来源于问卷调查中结果为是否的选择类问题：过去四周内是否生病或受伤，或是否患有慢性疾病，该变量是取值 1 或 0 的二值变量，因此本章在基础线性回归的基础上，另补充 Probit 模型对短期健康结果进行回归。另一个关键的被解释变量"自评健康"是取值为 1 ~ 4 的离散变量，并且有着天然的排序，更大的取值表示更好的健康状况，故对于自评健康结果的回归分析在线性模型的基础上另选取了有序的 Probit 模型。

4.3 数据与描述性统计

4.3.1 数据来源与变量描述

本章使用 CHNS 数据库，选取政策发生年 1998 年前后各两个调查年份（1993 年、1997 年与 2000 年、2004 年）的数据进行研究。CHNS 数据库在本章所选调查年份中覆盖了辽宁、黑龙江、江苏、山东、河南、湖北、湖南、广西与贵州 9 个省份，包含受访者的人口特征、工作状况和健康状况等多方面的重要信息。根据各省各年间城职保覆盖状况以及各级政府推行改革的力度与快慢，将样本从省级层面分为处理组与控制组。在剔除存在缺失值的样本后得到有效样本共包含 5549 户，14862 个受访者，四个调查年份共计 31614 个样本。

本章选择的被解释变量，即健康结果，包含短期健康与自评健康两个变量。短期健康是虚拟变量，来源于调查问卷中"前四周你是否生过病或受过伤？"的提问，为使数据能够更直观地反映健康状况的好坏，本章将回答"否"的结果赋值为 1，反之为 0。对于自评健康变量，同样出于便于直观理解的原因对原数据重新进行赋值，其取值 1～4 分别表示受访者认为自己的健康状况差、一般、好和非常好。经过处理后，两个健康结果变量的取值更大均表示更好的健康状况。两种不同的健康代理变量分别反映了受访者的客观健康水平和主观健康状况，以不同方法从不同维度较为全面地度量了受访者的健康状况。回归中还尽可能控制了会对结果产生影响的个人特征变量，包括年龄、性别、婚姻状况、受教育程度、收入、家庭规模等。

4.3.2　描述性统计

表 4-2 报告了本章使用的各类变量在此次医疗保险改革政策推行前后的控制组和处理组中的描述性统计结果。从短期健康来看，政策实施前处理组均值略高于控制组，即处理组在受访前四周内患病或受伤的概率较低；政策实施后的情况则相反，并且无论是处理组还是控制组的短期健康情况都呈下降趋势。相比控制组，处理组的自评健康结果在政策实施前后都相对较高，但政策实施后两者的差距有所减少。这些健康结果的统计表现还有待后续通过回归分析进行验证和进一步探索。本章使用的样本中，约 80% 样本的年龄处于 20～60 岁，样本年龄由于回访的原因呈现逐年升高趋势。相比控制组，处理组样本受教育程度较高，就业率较低，但拥有更高的收入。

表 4-2 　　　　　　　　　　　　　　变量描述性统计

变量	全样本	政策实施前 (1993 年、1997 年)		政策实施后 (2000 年、2004 年)	
		控制组	处理组	控制组	处理组
健康结果					
短期健康	0.908 (0.289)	0.933 (0.250)	0.936 (0.245)	0.897 (0.304)	0.866 (0.340)
自评健康	2.803 (0.723)	2.842 (0.675)	2.883 (0.667)	2.726 (0.766)	2.737 (0.778)

续表

变量	全样本	政策实施前 (1993 年、1997 年)		政策实施后 (2000 年、2004 年)	
		控制组	处理组	控制组	处理组
特征变量					
年龄（岁）	42.603 (14.662)	39.510 (14.346)	41.161 (14.461)	43.821 (14.222)	45.804 (14.743)
年龄组别一 [0，20) =1	0.037 (0.188)	0.058 (0.234)	0.041 (0.199)	0.027 (0.162)	0.022 (0.146)
年龄组别二 [20，40) =1	0.424 (0.494)	0.483 (0.500)	0.463 (0.499)	0.400 (0.490)	0.350 (0.477)
年龄组别三 [40，60) =1	0.401 (0.490)	0.359 (0.480)	0.369 (0.483)	0.430 (0.495)	0.449 (0.497)
年龄组别四 [60，105) =1	0.138 (0.345)	0.100 (0.300)	0.126 (0.332)	0.143 (0.350)	0.180 (0.384)
性别（男性 =1）	0.517 (0.500)	0.521 (0.500)	0.517 (0.500)	0.521 (0.500)	0.511 (0.500)
婚姻状况（已婚 =1）	0.809 (0.393)	0.779 (0.415)	0.795 (0.404)	0.835 (0.371)	0.828 (0.377)
受教育程度	1.651 (1.289)	1.465 (1.263)	1.549 (1.201)	1.737 (1.372)	1.847 (1.298)
收入（元）	4672.820 (6110.955)	2741.212 (3185.556)	3542.054 (4297.433)	5481.784 (7097.043)	6870.589 (7755.130)
工作状况（就业中 =1）	0.835 (0.371)	0.915 (0.279)	0.844 (0.363)	0.834 (0.372)	0.758 (0.428)
家庭规模（人）	4.088 (1.514)	4.392 (1.494)	4.237 (1.529)	3.937 (1.467)	3.790 (1.484)
所在地（城镇 =1）	0.313 (0.464)	0.315 (0.465)	0.300 (0.458)	0.328 (0.469)	0.311 (0.463)
样本数量	31614	7415	8832	6814	8553

注：（1）离婚或丧偶视为无婚姻状态；（2）受教育程度取值 0~6 分别表示最高受教育程度分别为无、小学、初中、高中、中专、大专或大学、硕士及以上；（3）表中报告收入单位为元，实证分析中对收入取对数进行回归；（4）括号内报告的是标准差。

4.4 基准实证结果

表4-3报告了劳保医疗和公费医疗转轨城职保这一医保改革过程对健康水平影响的回归结果。表4-3的第Ⅰ部分报告了短期健康结果，第Ⅱ部分报告了自评健康结果。从短期健康结果来看，线性和非线性Probit模型给出的估计结果都显示此次医疗保险改革都使得短期健康水平显著下降。根据第（2）栏线性回归结果，在控制省级、年份固定效应以及省份乘以年份固定效应的情况下，此次改革使得居民保持短期健康的可能性在1%的统计水平上显著减少了6.7个百分点（降低7%）。从第（5）~（8）栏结果来看，转轨城职保的改革措施并没有显著改善自评健康结果。

表4-3　　　　　　　　　　转轨城职保对自评健康的影响

变量	Ⅰ 短期健康				Ⅱ 自评健康			
	OLS		Probit		OLS		Ordered Probit	
	(1)	(2)	(3)	(4)	(5)	(6)	(7)	(8)
Treatment × Post	−0.031 ***	−0.067 ***	−0.167 ***	−0.378 ***	−0.022	0.001	−0.035	−0.0003
	(0.006)	(0.020)	(0.042)	(0.131)	(0.016)	(0.045)	(0.026)	(0.073)
Treatment	0.009 **	0.024 ***	0.060 *	0.217 **	0.041 ***	0.095 ***	0.066 ***	0.161 ***
	(0.004)	(0.009)	(0.032)	(0.106)	(0.010)	(0.028)	(0.017)	(0.047)
Post	−0.022 ***	−0.054 ***	−0.164 ***	−0.366 ***	−0.106 ***	−0.210 ***	−0.162 ***	−0.331 ***
	(0.005)	(0.013)	(0.032)	(0.086)	(0.012)	(0.030)	(0.020)	(0.048)
个人特征	控制	控制	控制	控制	控制	控制	控制	控制
固定效应		控制		控制		控制		控制
标准误	稳健	稳健	稳健	稳健	稳健	稳健	稳健	稳健
Obs.	31614	31614	31614	31614	30284	30284	30284	30284

注：括号内报告修正后标准差。 *** 、 ** 和 * 分别表示在1%、5%和10%的统计水平上显著。个人特征控制变量包括年龄、性别、婚姻状况、受教育程度、收入水平、就业情况、家庭及居住情况。并在此基础上控制了省份、年份，以及省份乘以年份固定效应。

　　从宏观上医疗保险体系改革的整体思路出发，此次城镇地区医疗保险由劳保医疗向城职保的转轨只是改革的开端。在此之前，劳保医疗和公费医疗的免费性质很大程度上导致了覆盖人群医疗服务的过度使用，造成了极大的资源浪费；从此开始，公共医疗保险体系引入"统账结合"模式，费用由包含参保者自身的多方共同承担，建立了更健康可持续的医疗保险制度。从城职保、新农合到城居保，国家花费十余年时间才使得整个医疗保险体系"脱胎换骨"，因而作为开端的此次改革容易存在一些制度衔接上的问题，包括国企职工家属等部分人群在此次改革中被排除于公共医疗保险之外，直至城居保才被重新纳入。城职保的推行和扩张未能弥补劳保医疗和公费医疗的缩减，我国公共医疗保险覆盖经历了一段时期的收缩。

　　此外，两类医疗保险制度的覆盖人群类型和福利水平存在相当大的差异，使得不同人群的医疗保险状态发生不同的变化。绝大多数机关单位、国有企业和集体企业职工所享受的医疗保险从公费医疗和劳保医疗转为城职保，开始需要为医疗服务的使用承担一定费用，其福利水平有所下降；这些职工的亲属原本享受半费医疗的待遇，此次改革却使其失去医疗保障，独立承担所有医疗费用；而部分私营企业、社会团体及民办非企业单位职工则"从无到有"，首次得到公共医疗保险的覆盖，福利水平大大提高。因此，此次医保改革实际上很可能导致了参保地区总体医疗保险福利水平的暂时性下降。为了验证这一点，本章引入 CHNS 中的"卫生服务利用"变量进行验证，该变量来源于调查问卷中的选择题"当你感到不舒服时，你怎么做的？"将回答"自己治疗""没理会"视为选择不利用卫生服务，赋值为 0；将回答"找当地卫生员""去看医生（诊所，医院）"视为选择利用医疗服务，赋值为 1。故该变量为二值选择变量，同样使用式（4.1）进行回归。由于样本缺失值较多，样本总量与表 4-2 中差距较大。回归结果见表 4-4，此次医疗保险改革时期，参保省份居民选择利用卫生服务的可能性也显著减少了 23.7%。根据已有的文献研究结果，医疗保险通过改变卫生服务相对价格来对参保者的卫生服务利用状况产生影响，就结果来看，此次医保改革使得医疗保险的整体福利水平暂时性下降，卫生服务价格提高，从而减少卫生服务利用，健康状况下降，与之前的假设相符。

表4-4 城职保转轨对保险覆盖率以及卫生服务利用的影响

变量	Ⅰ保险覆盖率		Ⅱ卫生服务利用	
	OLS	Probit	OLS	Probit
Treatment × Post	−0.084 *** (0.023)	−0.249 ** (0.103)	−0.237 ** (0.111)	−0.646 * (0.356)
Treatment	0.106 *** (0.016)	0.396 *** (0.065)	0.071 (0.099)	0.213 (0.332)
Post	−0.155 *** (0.015)	−0.720 *** (0.079)	−0.242 *** (0.070)	−0.658 *** (0.211)
个人特征	控制	控制	控制	控制
各类固定效应	控制	控制	控制	控制
标准误	稳健	稳健	稳健	稳健
Obs.	31316	31316	3374	3374

注：括号内报告修正后标准差。***、** 和 * 分别表示在1%、5%和10%的统计水平上显著。个人特征控制变量包括年龄、性别、婚姻状况、受教育程度、收入水平、就业情况、家庭及居住情况，并在此基础上控制了省份、年份，以及省份乘以年份固定效应。

4.5 讨论：影响的异质性及识别假设

4.5.1 城职保转轨健康效应的异质性

在基础结果之上，本章还通过建立三重差分模型探究此次医疗保险改革对不同特征人群的健康结果产生影响的异质性，并进一步验证我们的研究假设以及影响机制。模型设定如下：

$$Y_{ist} = \alpha + \sum_k \beta_{1k} Treatment_s \times Post_t \times Group_k + \sum_k \beta_{2k} Treatment_s \times Group_k$$

$$+ \sum_k \beta_{3k} Post_t \times Group_k + \beta_4 Treatment_s \times Post_t + \sum_k \beta_{5k} Group_k$$

$$+ \beta_6 Treatment_s + \beta_7 Post_t + \beta_8 X_{ist} + \mu_s + \eta_t + \tau_{st} + \varepsilon_{ist} \qquad (4.2)$$

其中，$Group_k$ 为虚拟变量，表示我们感兴趣的特征分组，个体属于该分组时取值为 "1"，否则为 "0"。其余各变量含义与式（4.1）中相同。β_{1k} 为本节关心的关键系数，反映此次医疗保险改革对特定分组人群的净效应。

本节主要探究不同居住地点、不同性别、不同年龄段和不同教育水平的个体受此次医疗保险改革影响的异质性。回归结果见表 4-5。首先，我们探究转轨城职保改革是否对城镇居民影响更大，表 4-5 的第 I 部分结果显示，改革对短期健康的消极影响主要是由城镇居民引起，这一结果与城职保改革主要针对城市地区进行这一事实相符，但并不排除转轨开始之前，有农村居民被其家属的公费或劳保医疗覆盖，而改革后失去保险福利对健康造成影响这一可能性。第 II 部分报告了女性对城职保转轨政策的反应。如果公费和劳保医疗的逐渐取消对于职工家属的影响最为明显，那么我们会预期并看到女性更容易受到改革的影响。根据第（2）栏结果，女性受到的负面影响的确更大。第 III 部分展示了不同年龄段的三重差分结果，在控制全部个人特征变量和各类固定效应之后，小于 20 岁以及大于 60 岁的群体的短期健康状况受转轨政策的负面影响较大，这一结果也与受此次改革影响最大的人群应该为儿童、青少年以及已退休老人这一猜想相符合。第 IV 部分重点考查转轨城职保的短期健康效应是否对不同教育水平的人群存在异质性。我们将教育水平分为三类：低水平、中等水平，以及高水平，分别对应 "无学历以及小学、初中" "高中或中专" "大学、大专及以上" 三个档次。城职保转轨的影响随着学历的升高而升高，高学历人群的公费及劳保在改革前比例可能较高，而改革后更容易经历转轨后保险覆盖以及医保报销水平下降，从而使健康状况下降。最后，改革依然没有对任何人群的自评健康造成任何显著影响。

表4－5 城职保转轨健康效应的异质性

变量		短期健康				自评健康			
		OLS		Probit		OLS		Ordered Probit	
		(1)	(2)	(3)	(4)	(5)	(6)	(7)	(8)
I 城镇	Treatment × Post × Urban	-0.053*** (0.015)	-0.044*** (0.015)	-0.311*** (-0.087)	-0.249*** (0.088)	0.017 (0.035)	-0.006 (0.034)	0.021 (0.056)	-0.014 (0.056)
II 性别(女性)	Treatment × Post × Women	-0.025* (0.013)	-0.023* (0.013)	-0.079 (0.084)	-0.083 (0.085)	0.001 (0.032)	-0.002 (0.032)	0.005 (0.052)	0.0004 (0.052)
III 年龄	Treatment × Post × Age0_20	-0.031* (0.018)	-0.074*** (0.027)	-0.616 (0.403)	-0.850** (0.428)	0.012 (0.089)	0.058 (0.100)	0.037 (0.156)	0.108 (0.174)
	Treatment × Post × Age20_40	-0.017** (0.008)	-0.052** (0.021)	-0.152** (0.075)	-0.339** (0.147)	-0.026 (0.025)	0.014 (0.049)	-0.045 (0.041)	0.206 (0.080)
	Treatment × Post × Age40_60	-0.023** (0.011)	-0.063*** (0.022)	-0.126** (0.062)	-0.353** (0.138)	0.005 (0.026)	0.020 (0.050)	0.004 (0.041)	0.030 (0.080)
	Treatment × Post × Age60_	-0.072*** (0.024)	-0.112*** (0.030)	-0.213** (0.093)	-0.496*** (0.153)	-0.072 (0.047)	-0.082 (0.063)	-0.098 (0.072)	-0.114 (0.099)

续表

变量		短期健康				自评健康			
		OLS		Probit		OLS		Ordered Probit	
		(1)	(2)	(3)	(4)	(5)	(6)	(7)	(8)
IV 教育	Treatment × Post × Edu_ low	-0.029 *** (0.007)	-0.068 *** (0.020)	-0.137 *** (0.047)	-0.393 *** (0.133)	-0.020 (0.018)	-0.012 (0.046)	-0.032 (0.029)	-0.020 (0.074)
	Treatment × Post × Edu_ medium	-0.030 ** (0.014)	-0.067 *** (0.023)	-0.202 * (0.103)	-0.405 ** (0.163)	-0.035 (0.037)	-0.020 (0.057)	-0.057 (0.061)	-0.033 (0.093)
	Treatment × Post × Edu_ high	-0.119 *** (0.042)	-0.127 *** (0.045)	-0.609 *** (0.221)	-0.621 ** (0.251)	0.041 (0.089)	0.127 (0.096)	0.058 (0.145)	0.198 (0.160)
个人特征		控制	控制	控制	控制	控制	控制	控制	控制
各类固定效应			控制		控制		控制		控制
标准误		稳健	稳健	稳健	稳健	稳健	稳健	稳健	稳健

注：括号内报告的是标准差。***、 ** 和 * 分别表示在 1%、 5% 和 10% 的统计水平上显著。

4.5.2 双重差分模型的识别假设

双重差分模型的重要前提假设之一是平行趋势假设，即假定未受处理情况下的处理组变化趋势与控制组相同，实践中一般考察处理组与控制组在接受政策冲击前是否具有相同的变化趋势。图4－2比较了医疗保险转轨前后处理组与控制组的短期健康与自评健康结果的趋势，发现在政策实施前短期健康的趋势较为相似，且在实施后处理组相比控制组呈现更快的下降趋势；两组的自评健康结果不仅在政策实施前具有非常相似的趋势，在政策实施后也表现出类似的走势。这些趋势表现与上节的基础回归结果基本一致。

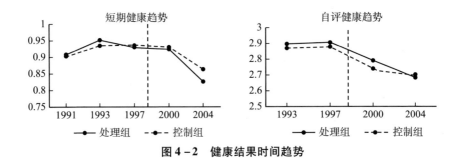

图4－2　健康结果时间趋势

4.6　结论与政策建议

本章通过建立双重差分模型实证研究了中国史上最重要的一次医疗保险制度改革——劳保医疗和公费医疗转轨城职保改革的健康效应，发现此次医疗保险改革使得健康水平经历了暂时性的下降，短期内保持健康状态的可能性显著降低了6.7个百分点。进一步，本章利用三重差分模型探究其在不同人群中的净效应发现，这种负面的健康效应对城镇居民、女性、年轻及老年、高教育水平群体的影响更大。此外，总的来说，短期健康所受冲击较大且显著，对自评健康基本没有影响，这是由于数据和可考政策的限制，本章对此次改革的考察更接近于政策冲击的短期影响，而自评健康作为通过外界信息、生理状况形成的主观健康认知情况，需要更长的时间进行改变。

这种负面的健康效应主要有两个原因：一是由于本章实际上考察了城职保推行初期的健康冲击，短期内的制度衔接问题使得总体医疗保险的覆盖率经历了暂时性下降；二是考虑到此次改革"避免医疗资源过度使用"的初衷，公共医疗保险福利水平的暂时性下降也无可避免，导致健康水平的降低。

本章的研究有以下两方面意义。首先，为医疗保险改革、医疗保险覆盖率和健康结果的探讨补充了反向证据。大部分相关研究证实了医保改革导致的医疗保险覆盖的扩张会使健康水平得到显著的提升，我们发现医疗保险改革导致的较短时期内保险总覆盖的收缩使得健康水平在短时期内也表现出显著的下降，从反面为两者的正向关系提供了实证支持。其次，本章还为今后的医疗保险改革政策的设计和实施提供了需要关注的方向。覆盖全民的公共医疗保险体系的改革确实是一个非常漫长的过程，尤其是进行范围庞大、程度彻底的全面改革时，不仅要关注其在长期内对人们在经济和健康上的积极影响，也应当考虑改革政策在短期内可能造成的冲击，使人们在医疗保险制度改革的进程中能够受到平稳全面的保障，保持良好的健康状况。

附　　录

表 A1　　　　　　　　　　　加入保费变量的健康储蓄账户对团体
健康保险的影响（加权）

变量	全样本		55~64 岁样本	
	（1）OLS	（2）OLS	（3）OLS	（4）OLS
健康储蓄账户	0.008 （0.008）	−0.005 （0.008）	−0.009 （0.011）	0.028 ** （0.012）
健康储蓄账户×小型企业		0.042 *** （0.013）		
健康储蓄账户×低教育水平			0.043 ** （0.019）	
个人平均保费	是	是	是	是
个人保费比例	是	是	是	是
家庭平均保费	是	是	是	是
家庭保费比例	是	是	是	是

注：回归利用人口普查数据提供的权重所得。圆括号内为标准差，并在州层面上进行聚类。方括号内为概率模型系数的边际效应。除加入不同州和年份的平均保费和雇员负担份额作为控制变量，回归中其他控制变量与正文相同。

*** 表示在 1% 的水平上显著，** 表示在 5% 的水平上显著。

表 A2　　　　　　　　　2001~2008 年的事件研究分析（加权）

变量	全样本	55~64 岁样本	小型企业样本	低教育水平样本
5 年前	−0.005 （0.005）	−0.007 （0.018）	−0.009 （0.005）	−0.000 （0.008）
4 年前	−0.004 （0.006）	−0.009 （0.011）	−0.010 （0.011）	0.004 （0.009）

变量	全样本	55～64 岁样本	小型企业样本	低教育水平样本
3 年前	−0.008 (0.007)	−0.007 (0.008)	−0.010 (0.009)	−0.003 (0.009)
2 年前	−0.005 (0.004)	0.004 (0.009)	−0.006 (0.006)	0.000 (0.006)
1 年前	−0.004 (0.003)	0.000 (0.008)	−0.010 * (0.005)	0.002 (0.004)
1 年后	0.007 * (0.004)	0.006 (0.006)	0.012 ** (0.005)	0.010 (0.007)
2 年后	0.009 ** (0.004)	0.012 (0.009)	0.013 * (0.008)	0.009 (0.007)
3 年后	0.010 ** (0.005)	0.014 (0.010)	0.018 ** (0.008)	0.011 (0.009)
4 年后	0.005 (0.005)	−0.001 (0.010)	0.016 * (0.009)	0.001 (0.009)
5 年后	0.003 (0.006)	0.016 (0.012)	0.005 (0.010)	0.006 (0.009)

注：回归利用人口普查数据提供的权重所得。圆括号内为标准差，并在州层面上进行聚类。*** 表示在 1% 的水平上显著，** 表示在 5% 的水平上显著，* 表示在 10% 的水平上显著。

表 A3　州及联邦精神健康保险强制平等法案对小时工资的影响（加权）

变量	(1) Log 小时工资 （各州平等法案）	(2) Log 小时工资 （2010 年联邦平等法案）
平等法案	0.010 (0.009)	
实验州×法案实施后		0.008 (0.015)
样本数量	194842	36067

注：小时工资是根据 CPS 中关于去年工资及薪金收入的数据除以去年的工作周数和工作小时数得出的。将工资数据缺乏及工资低于 1 美元、高于 400 美元的数据剔除。因此，表 A3 中的样本容量比表 2－2 和表 2－8 中小 0.4%。

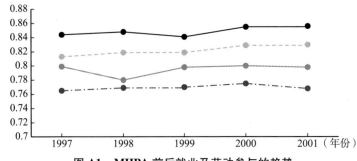

图 A1 MHPA 前后就业及劳动参与的趋势

注：由上至下四条趋势线分别表示对照州劳动参与率、对照州就业率、实验州劳动参与率以及对照州就业率。

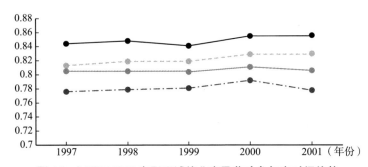

图 A2 MHPA1996 有限区域就业率及劳动参与率时间趋势

注：由上至下四条趋势线分别表示对照州劳动参与率、对照州就业率、实验州劳动参与率以及对照州就业率。

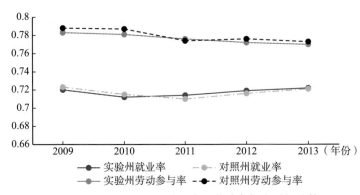

图 A3 MHPAEA2008 就业率及劳动参与率时间趋势

注：由上至下四条趋势线分别表示对照州劳动参与率、实验州劳动参与率、对照州就业率以及实验州就业率。

表 A4　　　13 个 ANF 州 6 岁以上低收入人群控制变量描述性统计

变量	（1） 全样本	（2） 男孩	（3） 女孩
年龄	11.252 (3.412)	11.248 (3.418)	11.255 (3.405)
性别	0.506 (0.500)		
西班牙裔	0.318 (0.466)	0.321 (0.467)	0.316 (0.465)
黑人	0.207 (0.405)	0.207 (0.405)	0.207 (0.405)
亚洲或北美原住民	0.063 (0.243)	0.056 (0.230)	0.070 (0.255)
照料人为生母	0.873 (0.333)	0.867 (0.340)	0.879 (0.326)
照料人为生父	0.505 (0.500)	0.508 (0.500)	0.503 (0.500)
出生于美国	0.891 (0.311)	0.893 (0.308)	0.889 (0.314)
照料人年龄	38.243 (8.140)	38.340 (8.147)	38.145 (8.132)
照料人为女性	0.833 (0.373)	0.823 (0.382)	0.843 (0.364)
照料人低于高中学历	0.265 (0.441)	0.269 (0.444)	0.261 (0.439)
照料人高中学历	0.602 (0.490)	0.597 (0.491)	0.607 (0.488)
照料人本科学历	0.133 (0.340)	0.134 (0.341)	0.132 (0.339)
照料人有配偶	0.623 (0.485)	0.626 (0.484)	0.620 (0.485)

续表

变量	(1) 全样本	(2) 男孩	(3) 女孩
照料人有工作	0.631 (0.483)	0.634 (0.482)	0.627 (0.484)
与双亲同住	0.465 (0.499)	0.464 (0.499)	0.465 (0.499)
家庭5岁以下孩子数量	0.452 (0.722)	0.446 (0.721)	0.457 (0.723)
家庭6~17岁孩子数量	2.298 (1.145)	2.290 (1.141)	2.306 (1.149)
样本数	34447	17486	16961

表A5　6岁以上儿童因变量描述性统计：13个ANF州以及低收入人群

变量	(1) 全样本	(2) 男孩	(3) 女孩
面板A：医疗保险覆盖			
医疗补助计划/SCHIP	0.318 (0.466)	0.313 (0.464)	0.323 (0.468)
私人保险	0.490 (0.500)	0.493 (0.500)	0.487 (0.500)
任何保险	0.799 (0.400)	0.799 (0.401)	0.800 (0.400)
面板B：普通和精神健康医疗利用			
医生就诊	1.849 (2.561)	1.793 (2.456)	1.906 (2.662)
基础预防及保健儿童门诊	0.857 (1.261)	0.825 (1.149)	0.890 (1.366)
医务人员就诊	0.686 (1.480)	0.655 (1.438)	0.717 (1.520)

续表

变量	（1） 全样本	（2） 男孩	（3） 女孩
急诊室就诊	0.333 （0.809）	0.350 （0.821）	0.316 （0.797）
精神健康就诊次数	0.700 （3.411）	0.785 （3.631）	0.613 （3.168）
是否有精神健康就诊	0.078 （0.268）	0.088 （0.283）	0.068 （0.252）
样本量	34447	17486	16961
面板 C：精神健康结果			
6 ~ 11 岁指数	15.888 （2.154）	15.678 （2.264）	16.104 （2.012）
6 ~ 11 岁积极行为指标	0.288 （0.453）	0.260 （0.439）	0.317 （0.465）
样本量	18329	9295	9034
12 ~ 17 岁指数	15.705 （2.296）	15.529 （2.343）	15.881 （2.234）
12 ~ 17 岁积极行为指标	0.284 （0.451）	0.256 （0.437）	0.311 （0.463）
样本量	16275	8270	8005

表 A6　公共保险的扩张对不同年龄段儿童及青少年公共医保覆盖的影响

变量	ANF 州，< 300% 联邦贫困线
SCHIP × 6 ~ 8 岁	0.049 *** （0.011）
SCHIP × 9 ~ 11 岁	0.070 *** （0.019）
SCHIP × 12 ~ 14 岁	0.096 *** （0.021）
SCHIP × 15 ~ 17 岁	0.078 ** （0.028）
N	33003

表 A7 公共保险的扩张对部分关键结果的影响：滞后阈值

变量	（1）公共保险	（2）有无精神健康就诊	（3）6～11 岁指数	（4）12～17 岁指数
SCHIP 阈值	0.048*** (0.011)	−0.001 (0.007)	−0.026 (0.021)	0.028 (0.02)
SCHIP 滞后一期	0.034*** (0.012)	0.011 (0.007)	0.000 (0.021)	−0.025 (0.021)
SCHIP 滞后二期	−0.006 (0.012)	0.008 (0.006)	−0.019 (0.018)	−0.020 (0.021)
样本量	45499	45499	17830	15550

表 A8 公共保险的扩张对部分关键结果的影响：控制教育资源
水平的大城市样本

变量	（1）公共保险	（2）有无精神健康就诊	（3）6～11 岁指数	（4）12～17 岁指数
SCHIP 阈值	0.057** (0.023)	0.010 (0.013)	−0.038 (0.039)	−0.009 (0.045)
不同年龄组				
SCHIP × 6～8 岁	0.056** (0.027)	0.010 (0.015)	−0.034 (0.042)	
SCHIP × 9～11 岁	0.091*** (0.029)	0.014 (0.018)	−0.043 (0.042)	
SCHIP × 12～14 岁	0.103*** (0.030)	0.007 (0.018)		−0.006 (0.049)
SCHIP × 15～17 岁	0.090*** (0.033)	0.021 (0.020)		−0.013 (0.051)
样本量	18163	18163	7266	5859

参 考 文 献

［1］ Cardon J. H. , Showalter M. H. Insurance choice and tax-preferred health saving accounts ［J］. *Journal of Health Economics*, 2007 （26）: 373 - 399.

［2］ Finkelsteain A. The Effect of tax subsidies to employer-provided supplementary health insurance: evidence from Canada ［J］. *Journal of Public Economics*, 2002 （84）: 305 - 339.

［3］ Greene J. , Hibbard J. H. , Dixon A. , Tusler M. Which consumers are ready for consumer-directed health plans? ［J］. *Journal of Consumer Policy*, 2006 （29）: 247 - 262.

［4］ Gruber J. , Lettau M. How elastic is the firm's demand for health insurance? ［J］. *Journal of Public Economics*, 2004 （88）: 1273 - 1293.

［5］ Gruber J. , Washington, E. Subsidies to employee health insurance premiums and the health insurance market. *Journal of Health Economics*, 2005 （24）: 253 - 276.

［6］ Heim, B. T. , Lurie, I. Z. Do increased premium subsidies affect how much health Insurance is purchsaed? Evidence form the self-employed ［J］. *Journal of Health Economics*, 2009 （28）: 1197 - 1210.

［7］ Karaca - Mandic P. , Norton, E. C. , Dowd, B. Interaction terms in non-linear models ［J］. *Health Service Research*, 2012 （47）: 1, Part Ⅰ, 255 - 274.

［8］ Norton, E. C. , Wang, H. , Ai, C. Computing interaction effects and standard errors in logit and probit models ［J］. *The Stata Journal*, 2004, 4 （2）: 154 - 164.

［9］ Parente S. T. , Feldman R. , Christianson J. B. Employee choice of consumer-driven health insurance in a multiplan, multiproduct setting ［J］. *Health Service Research*, 2004, 39: 4, Part Ⅱ, 1091 – 1111.

［10］ Parente S. T. , Feldman R. Microsimulation of private health insurance and Medicaid take-up following the U. S. Supreme Court decision upholding the Affordable Care Act ［J］. *Health Service Research*, 2007, 48: 2, Part Ⅱ, 826 – 849.

［11］ Richardson D. P. , Seligman J. S. Health Savings Accounts: will they impact markets? ［J］. *National Tax Journal*, 2007 (3): 455 – 467.

［12］ Royalty A. Tax preferences for fringe benefits and workers' eligibility for employer health insurance ［J］. *Journal of Public Economics*, 2000 (75): 209 – 227.

［13］ Simon K. I. Adverse selection in health insurance market? Evidence from state small-group health insurance reforms ［J］. *Journal of Public Economics*, 2005 (89): 1865 – 1877.

［14］ Zabinski D. , Selden T. M. , Moeller J. F. , Banthin, J. S. Medical Savings Accounts: Microsimulation results from the model with adverse selection ［J］ . *Journal of Health Economics*, 1999 (18): 195 – 218.

［15］ Anderson M. Heterogeneity and the effect of mental health parity mandates on the labor market ［J］. *Journal of Health Economics*, 2015 (43): 74 – 84.

［16］ Baicker K. , Chandra A. The labor market effects of rising health insurance premiums ［J］. *Journal of Labor Economics*, 2006, 24 (3): 609 – 634.

［17］ Bao Y. , Sturm R. The effect of state mental health parity legislation on perceived quality of insurance coverage, perceived access to care, and use of mental health specialty care ［J］. *HSR: Health Service Research*, 2004 (39): 5, 1361 – 1378.

［18］ Barry C. L. , Gabel J. R. , Frank R. G. , Hawkins S. , Whitmore H. H. , Pickreign J. D. Design of mental health benefits: still unequal after all these years [J]. *Health Affairs*, 2003, 22 (5): 127 – 137.

[19] Barry C. L., Huskamp H. A., Goldman H. H. A political history of federal mental health and addiction insurance parity [J]. *The Milbank Quarterly*, 2010, 88 (3): 404 – 433.

[20] Buchmueller T. C., Cooper P. F., Jacobson M., Zuvekas S. Parity for whom? Exemptions and the extent of state mental health parity legislation [J]. *Health Affairs*, 2007, 26 (4): 484 – 487.

[21] Buchmueller T. C., Dinardo J., Valleta R. G. The effect of an employer health insurance mandate on health insurance coverage and the demand of labor: the evidence from Hawaii [Z]. Federal Reserve Bank of San Francisco Working Paper Series, 2011.

[22] Busch S. H., Barry C. L. New evidence on the effects of state mental health mandates [J]. *Inquiry*, 2008 (45): 308 – 322.

[23] Culter D. M., Madrian B. C. Labor market responses to rising health insurance costs: evidence on hours worked [J]. *The Rand Journal of Economics*, 1998, 29 (3): 509 – 530.

[24] Ellis, A. R., Konrad, T. R., Thomas, K. C., Morrissey, J. P. County – Level Estimates of Mental Health Professional Supply in the United States [J]. *Psychiatric Services*, 2009, 60 (10): 1315 – 1322.

[25] Etter S. L., Frank, R. G., Kessler, R. C. The impact of psychiatric disorders on labor market outcomes [J]. *Industrial and Labor Relationship Review*, 1997, 51 (1): 64 – 81.

[26] Feldman R. Who pays for mandated health insurance benefits? [J]. *Journal of Health Economics*, 1993 (11): 341 – 348.

[27] Gruber J., Krueger, A. B. *The Incidence of Mandated Employer-provided Insurance: Lessons from Workers' Compensation Insurance* [M]. In Bradford, D., ed., Tax Policy and the Economy. Cambridge, MA: MIT Press, 1991: 111 – 143.

[28] Gruber J. The incidence of mandated maternity benefits [J]. *The American Economics Review*, 1994, 84 (3): 622 – 641.

［29］ Gruber J. State-mandated benefits and employer-provided health in-surance ［J］. *Journal of Public Economics*, 1994 （55）: 433 – 464.

［30］ Gruber J. , McKnight, R. Why did employee health insurance con-tributions rise ［J］? *Journal of Health Economics*, 2003 （22）: 1085 – 1104.

［31］ Hernandez E. M. , Uggen C. Institutions, politics, and mental health parity ［J］. *Society and Mental Health*, 2012: 1 – 18.

［32］ Kaestner B. , Simon K. I. Labor market consequences of state health insurance regulation ［J］. *Industrial and Labor Relations Review*, 2002, 56 （1）: 136 – 159.

［33］ Klick J. , Markowitz S. Are mental health insurance mandates effec-tive? Evidence from suicides ［J］. *Health Economics*, 2006 （15）: 83 – 97.

［34］ Kolstad J. T. , Kowalski A. E. Mandate-based health reform and the labor market: evidence from the Massachusetts reform ［J］. *NBER Working Pa-per series*, 2012, No17933.

［35］ Lang, M. D. The impact of mental health insurance laws on state sui-cide rates ［J］. *Health Economics*, 2013 （22）: 73 – 88.

［36］ Pacula R. L. , Sturm R. Mental health parity legislation: much ado about nothing? ［J］ *HSR: Health Services Research*, 2000, 35 （1）: 263 – 175.

［37］ Sturm R. , Pacula R. L. State mental health parity laws: cause or consequence of differences in use? ［J］. *Health Affairs*, 1999, 18 （5）: 182 – 192.

［38］ Summers L. H. Some simple economics of mandated benefits ［J］. *The American Economics Review*, 1989, 79 （2）: 177 – 183.

［39］ Thurston, N. K. Labor market effects of Hawaii's mandatory employ-er-provided health insurance ［J］. *Industrial and Labor Relations Review*, 1997, 51 （1）: 117 – 135.

［40］ Andersen M. Heterogeneity and the effect of mental health parity mandates on the labor market ［J］. *Journal of Health Economics*, 2015 （43）: 74 – 84.

［41］ Bailey J. B. The Effect of Health Insurance Benefit Mandates on Premiums ［J］. *Eastern Economic Journal*, 2014, 40 (1): 119 – 127.

［42］ Card D. , Shore – Sheppard L. D. Using discontinuous eligibility rules to identify the effects of federal Medicaid expansions ［J］. *Review of Economics and Statistics*, 2004, 86 (3): 752 – 766.

［43］ Costello E. J. , Compton S. N. , Keeler G. , Angold A. Relationships between poverty and psychopathology ［J］. *Journal of the American Medical Association*, 2003, 290 (15): 2034 – 2064.

［44］ Cuellar A. E. , Markowitz S. Medicaid policy changes in mental health care and their effect on mental health outcomes ［J］. *Health Economics, Policy and Law*, 2007 (2): 23 – 49.

［45］ Currie J. , Decker D. , Lin W. Has public health insurance for older children reduced disparities in access to care and health outcomes? ［J］. *Journal of Health Economics*, 2008 (27): 1567 – 1581.

［46］ Currie J. , Gruber J. Saving babies: the efficacy and cost of recent changes in the Medicaid eligibility of pregnant women ［J］. *The Journal of Political Economy*, 1996, 104 (6): 1263 – 1296.

［47］ Cutler D. M. , Gruber J. Does public insurance crowd out private insurance? ［J］. *Quarterly Journal of Economics*, 1996, 111 (2): 391 – 430.

［48］ Damiano P. C. , J. C. Willard, E. T. Momany, and J. Chowdhury. The impact of the Iowa S – CHIP program on access, health status and the family environment ［J］. *Ambulatory Pediatrics*, 2003, 3 (5): 263 – 269.

［49］ Dubay L. C. , Kenney G. M. The effects of Medicaid expansions on insurance coverage of children ［J］. *The Future of Children Special Education for Students with Disabilities*, 1996, 6 (5): 152 – 161.

［50］ Dubay L. C. , Kenney G. M. Expanding public health insurance to parents: effects on children's coverage under Medicaid ［J］. *Health Services Research*, 2003, 38 (5): 1283 – 1302.

［51］ Frank R. G. , Goldman H. H. , Hogan, M. Medicaid and mental health: Be careful what you ask for ［J］. *Health Affairs*, 2003, 22 (1): 101 – 113.

［52］Gruber J. , Simon K. Crowd-out 10 years later: Have recent public insurance expansions crowded out private health insurance? ［J］. *Journal of Health Economics*, 2008（27）: 201 – 217.

［53］Ham J. C. , Shore – Sheppard, L. D. The effect of Medicaid expansions for low-income children on Medicaid participation and insurance coverage: evidence from the SIPP ［J］. *Journal of Public Economics*, 2005（89）: 57 – 83.

［54］Hamersma S. , Kim, M. Participation and crowd out: Assessing the effects of parental Medicaid expansions ［J］. *Journal of Health Economics*, 2013 （32）: 160 – 171.

［55］Hamersma S. , Kim M. , Timpe B. The Effect of Parental Medicaid Expansions on Children's Health Insurance Coverage, Contemporary Economic Policy ［J］. *Western Economic Association International*, 2019, 37（2）: 297 – 311.

［56］Kaestner R. , T. Joyce, and A. Racine. Does publicly provided health insurance improve the health of low-income children in the United States? ［J］. *NBER Working Paper*, 1999, No. 6887.

［57］Kim – Cohen J. , Caspi A. , Moffitt T. E. , Harrington H. , Milne B. J. , Poulton R. Prior juvenile diagnoses in adults with mental disorder: developmental follow-back of a prospective-longitudinal cohort ［J］. *Arch Gen Psychiatry*, 2003, 60（7）: 709 – 717.

［58］Lang M. The impact of mental health insurance laws on state suicide rates ［J］. *Health Economics*, 2013, 22（1）: 73 – 88.

［59］Li M. , Baughman R. Coverage, utilization, and health outcomes of the State Children's Health Insurance Program ［J］. *Inquiry*, 2011（47）: 296 – 314.

［60］Li X. , Ye J. The spillover effects of health insurance benefit mandates on public insurance coverage: evidence from veterans ［J］. *Journal of Health Economics*, 2017（55）: 45 – 60.

［61］Lo Sasso A. T. , Buchmueller T. C. The effect of the state children's health insurance program on health insurance coverage ［J］. *Journal of Health Economics*, 2004（23）: 1059 – 1082.

［62］Shen Y. , Zuckerman S. The effect of Medicaid payment generosity on access and use among beneficiaries ［J］. *Health Services Research*, 2005, 40 (3): 723 – 744.

［63］ Shore – Sheppard L. D. The effect of expanding Medicaid eligibility on the distribution of children's health insurance coverage ［J］. *Industrial and Labor Relations Review*, 2000, 54 (1): 59 – 77.

［64］ Yazici E. Y., Kaestner R. Medicaid expansions and the crowding out of private health insurance among children ［J］. *Inquiry*, 2000, 37 (1): 23 – 33.

［65］ Zuckerman S., Kenney G. M., Dubay L., Haley J., Holahan J. Shifting health insurance coverage, 1997 – 1999 ［J］. *Health Affairs*, 2001, 20 (1): 169 – 177.

［66］ 白重恩, 李宏彬, 吴斌珍. 医疗保险与消费: 来自新型农村合作医疗的证据 ［J］. 经济研究, 2012, 47 (2): 41 – 53.

［67］ 陈秋霖, 傅虹桥, 李玲. 医疗保险的全局效应: 来自中国全民医保的证据 ［J］. 劳动经济研究, 2016, 4 (6): 3 – 21.

［68］ 傅虹桥, 袁东, 雷晓燕. 健康水平、医疗保险与事前道德风险——来自新农合的经验证据 ［J］. 经济学 (季刊), 2017, 16 (2): 159 – 180.

［69］ 官海静, 刘国恩, 熊先军. 城镇居民基本医疗保险对住院服务利用公平性的影响 ［J］. 中国卫生经济, 2013 (1): 42 – 44.

［70］ 胡宏伟, 刘国恩. 城镇居民医疗保险对国民健康的影响效应与机制 ［J］. 南方经济, 2012 (10): 186 – 199.

［71］ 黄枫, 甘犁. 过度需求还是有效需求? ——城镇老人健康与医疗保险的实证分析 ［J］. 经济研究, 2010 (6): 105 – 119.

［72］ 黄枫, 甘犁. 医疗保险中的道德风险研究: 基于微观数据的分析 ［J］. 金融研究, 2012 (5): 193 – 206.

［73］ 黄枫, 吴纯杰. 中国医疗保险对城镇老年人死亡率的影响 ［J］. 南开经济研究, 2009 (6): 126 – 137.

［74］ 惠云, 秦立建. 医疗保险模式对农民工迁移区域的影响研究 ［J］. 统计与信息论坛, 2016 (1): 87 – 92.

［75］ 刘国恩, 韩清扬, 石菊. 城镇居民医疗保险对失业的影响研究 ［J］. 中国卫生经济, 2018, 37 (4): 16 – 18.

[76] 陆丽萍, 李美芹. 新型农村合作医疗制度有效降低农村孕产妇死亡率 [J]. 医学信息, 2010 (10): 2985 - 2986.

[77] 潘杰, 雷晓燕, 刘国恩. 医疗保险促进健康吗？——基于中国城镇居民基本医疗保险的实证分析 [J]. 经济研究, 2013 (4): 130 - 143.

[78] 秦立建, 苏春江. 医疗保险对农民工工资效应的影响研究 [J]. 财政研究, 2014 (5): 14 - 17.

[79] 秦雪征, 刘国恩. 医疗保险对劳动力市场影响研究评述 [J]. 经济学动态, 2011 (12): 114 - 119.

[80] 秦雪征, 郑直. "新农合"对农村劳动力迁移的影响: 基于全国性面板数据的分析 [J]. 中国农村经济, 2011 (10): 52 - 63.

[81] 秦雪征, 周建波, 辛奕, 庄晨. 城乡二元医疗保险结构对农民工返乡意愿的影响——以北京市农民工为例 [J]. 中国农村经济, 2014 (2): 56 - 58.

[82] 苏春红, 田坤忠. 我国新型农村合作医疗对农村居民健康的影响: 基于中国健康和营养调查微观数据的研究 [J]. 制度经济学研究, 2012 (2): 160 - 171.

[83] 王丹华. "新农合"健康绩效及其作用机制研究——基于CLHLS 数据 [J]. 社会保障研究, 2014 (5): 59 - 67.

[84] 王海鹏, 孟庆跃. 应用四配倍差法评估城镇居民医疗保险对医疗服务利用的影响 [J]. 中国卫生经济, 2013 (6): 8 - 10.

[85] 王金营, 李竞博, 石贝贝, 曾序春. 医疗保障和人口健康状况对大城市劳动供给影响研究——以深圳市为例 [J]. 人口与经济, 2014 (4): 14 - 22.

[86] 吴联灿, 申曙光. 新型农村合作医疗制度对农民健康影响的实证研究 [J]. 保险研究, 2010 (6): 60 - 68.

[87] 于大川. 城镇居民医疗保险是否促进了医疗服务利用？——一项对制度运行效果的实证评估 [J]. 金融经济学研究, 2015 (5): 117 - 128.

[88] 臧文斌, 赵绍阳, 刘国恩. 城镇基本医疗保险中逆向选择的检验 [J]. 经济学 (季刊), 2013 (1): 47 - 70.

[89] 张抗私, 刘翠花, 丁述磊. 工作时间如何影响城镇职工的健康

状况? ——来自中国劳动力动态调查数据的经验分析 [J]. 劳动经济研究, 2018, 6 (1): 107 - 127.

[90] 张利痒, 王录安, 刘晓鸥. 基于医疗保障差异的健康冲击与劳动力供给——以中国 2011 ~ 2013 年劳动力市场为对象 [J]. 中国软科学, 2017 (7): 55 - 65.

[91] 郑园. 我国医疗保险制度对劳动力市场的影响 [J]. 中国劳动, 2015 (15): 11 - 13.

[92] Chen Y. , Jin G. Z. Does health insurance coverage lead to better health and educational outcomes Evidence from rural China [J]. *Journal of Health Economics*, 2012 (31): 1 - 24.

[93] Cheng L. , Liu H. , Zhang Y. , Shen K. , Zeng Y. The impact of health insurance on health outcomes and spending of the elderly: Evidence from China's new cooperative medical scheme [J]. *Health Economics*, 2015 (24): 672 - 691.

[94] Huang F. , Gan L. The impacts of china's urban employee basic medical insurance on healthcare expenditures and health outcomes [J]. *Health Economics*, 2017 (26): 149 - 163.

[95] Lei X. , Lin W. The new cooperative medical scheme in rural China: does more coverage mean more service and better health? [J]. *Health Economics*, 2009 (18): S25 - S46.

[96] Liu G. G. , Zhao Z. Urban employee health insurance reform and the impact on out-of-pocket payment in China [J]. *The International Journal of Health Planning and Management*, 2006, 21 (3): 211 - 228.

[97] Wagstaff A. , Lindelow M. Can insurance increase financial risk? The curious case of health insurance in China [J]. *Journal of Health Economics*, 2008 (27): 990 - 1005.

[98] Wagstaff A. , Lindelow M. , Gao J. , Xu L. , Qian J. Extending health insurance to the rural population: An impact evaluation of China's new cooperative medical scheme [J]. *Journal of Health Economics*, 2009 (28): 1 - 19.